“十四五”高等教育系列教材

交通运输工程实践教学案例

曾传华◎主　编
黎青松◎副主编

中国铁道出版社有限公司
CHINA RAILWAY PUBLISHING HOUSE CO., LTD.

内 容 简 介

本书结合编者多年的教学经验与前期研究成果,精心挑选了七个案例,包括热压罐公路大件运输安全分析案例、交通事故车辆安全技术鉴定案例、交通安全隐患排查与整改案例、基于交通大数据的城市出行结构分析案例、大学生方程式赛车车架轻量化分析案例、地铁列车牵引计算案例和高速公路交通量"四阶段法"案例。通过学习这七个精选案例,可帮助学生深入理解和掌握交通信息与控制工程、交通运输规划与管理、载运工具运用工程三大方面的知识和技能。

本书所用案例内容详细丰富、数据全面、逻辑清晰,适合作为交通运输工程学科相关专业本硕学生的教材或参考书。

图书在版编目(CIP)数据

交通运输工程实践教学案例/曾传华主编. —北京:中国铁道出版社有限公司,2024. 2

"十四五"高等教育系列教材

ISBN 978-7-113-30714-1

Ⅰ. ①交… Ⅱ. ①曾… Ⅲ. ①交通运输-运输工程-高等学校-教材 Ⅳ. ①U

中国国家版本馆 CIP 数据核字（2023）第 236305 号

书　　名：交通运输工程实践教学案例
作　　者：曾传华

策　　划：曾露平　　　　编辑部电话：（010）63551926
责任编辑：曾露平　包　宁
编辑助理：郭馨宇
封面设计：刘　莎
责任校对：安海燕
责任印制：樊启鹏

出版发行：中国铁道出版社有限公司（100054，北京市西城区右安门西街 8 号）
网　　址：https://www.tdpress.com/51eds/
印　　刷：三河市燕山印刷有限公司
版　　次：2024 年 2 月第 1 版　2024 年 2 月第 1 次印刷
开　　本：787 mm×1 092 mm 1/16　印张：9. 25　字数：224 千
书　　号：ISBN 978-7-113-30714-1
定　　价：35. 00 元

前　言

根据交通运输工程学科相关专业本硕教育的教学目标与培养方案要求，应加强专业学生专业实践能力的培养。本书就交通运输工程学科相关方向建立案例库，在交通运输工程学科专业的研究生授课中开展案例教学，为学生提供将交通运输工程理论知识应用到交通运输工程实践的机会，有效地缓解学生接触项目时间少的问题，提高学生的项目运作能力，为培养与社会需求相适应的、交通运输工程实践能力强的人才创造条件。

交通运输工程学科知识面广、内容多，涉及交通运输基础设施的布局及修建、载运工具运用工程、交通信息工程及控制、交通运输的经营和管理等。近年来，中国交通运输取得了非常快速的发展，交通运输工程学科需要结合我国实际国情及国外现状，建立交通运输工程学科案例库，使专业学位的课程教学紧密结合交通运输行业需要，体现交通运输领域发展前沿，强调理论与案例紧密结合，以适应交通运输工程领域人才培养的需要，提高案例教学的水平和质量，强化专业学位研究生实践应用能力，为交通运输工程领域培养决策型和运用型人才。建立交通运输工程学科案例库能满足案例教学的需要。通过案例教学使学生掌握解决实际问题的能力和技巧，将理论学习结合到实际应用中，培养学生的知识应用能力与实践操作能力；培养学生的学习主观能动性，通过案例教学环节中的素材收集、调研分析、小组答辩等环节，激发学生的主观能动性，化被动学习为主动学习，提高学生的表达能力；培养学生的思维能力和学习能力。整合交通运输工程学科相关领域资源并共享。建立交通运输工程学科案例库将为全面推广交通运输工程学科案例教学提供丰富的资源和坚实的基础。同时，有利于加强高校之间、高校与企业之间、高校与培训机构之间的交流合作，共享资源，优势互补。提升案例库中案例的广度与精度，为学生提供更优质的教学素材。

西华大学交通运输工程学科形成了四个特征鲜明的学科方向。其中，“道路交通安全”在四川省内最早开展道路交通安全的研究，先后建成了多个交通安全方面的研究平台，长期以来为社会提供交通事故鉴定、道路安全保障等公共服务和智力支持，已经形成了以交通事故为中心的人-车-路-管理多位一体研究特色，在西部省份特别是四川省内独树一帜；“运输与物流优化”学科方向在“互联网+交通”的时代背景下，针对交通运输规划、运输网络优化、物流园区优化与技术、运输与物流信息技术、物联网技术等运输与物流问题进行深入研究，开展的物流供应链管理、智能运输系统、大件运输优化、城市轨道交通运营组织等问题的研究与四川区域经济联系紧密，为社会公众、政府交通主管部门及相关企事业单位提供技术支持和决策咨询服务；“交通信息工程及控制”学科方向紧密结合现有交通领域信息工程与控制相关问题，在交通信息、交通控制、智能交通、交通信号等专业领域具有丰富的研究经验并取得重大的研究成果，为交通领域的建设、优化发展提供人才储备和智力支持；“载运工具运用”学科方向已形成以汽车零部件研究与设计、汽车安全与检测控制、天然气汽车运用技术和大件运输技术等为重点的学术研究特色,并取得了丰硕的科研成果。

本书由曾传华任主编,黎青松任副主编,全书由曾传华、黎青松、张道文、张诗波、唐立、唐岚、郭寒英、李慧编写。各章编写分工为:第 1 章由曾传华、黎青松编写,第 2 章由张道文编写,第 3 章由张诗波编写,第 4 章由唐立编写,第 5 章由唐岚编写,第 6 章由郭寒英编写,第 7 章由李慧编写。研究生赵彩霞、吴梦凡、赵璐铭、钟佳薇、高鹏、赵婉如、刘宇航、周慧、金克磊参与了部分工作。

由于编者水平有限,书中不足之处还请广大同仁不吝赐教。

编　者

2023 年 8 月

目　录

第1章　热压罐公路大件运输安全分析

公路大件运输作为一种专类化运输，对重工业的发展起到后勤保障作用。但公路大件运输较一般运输过程更为复杂，一方面由于货物的大体积和超重质量，增加了对运输设备的要求，需从牵引能力、挂车轴载分析、捆绑加固分析、车组稳定性分析、弯道通过能力分析等方面分析运输车组的可靠性。另一方面，大件运输对于线路条件的要求非常高，在大件运输前，要根据大件的情况确定出合理运输路线，并对路线关键点设计处置措施。本章结合大件运输实际，通过对现有资料的收集、总结，编写典型案例教学材料，以帮助学生理论联系实际，提高研究应用能力。

1.1　热压罐公路大件运输安全分析案例

公路大件运输并不是简单的公路货运，而是必须多方配合的一项复杂系统工程，它要求特殊的运输车辆，所运输的对象大多都是国家重点建设工程项目的关键甚至是国防关键物资，故安全防护要求高，涉及设施安全、交通安全及运行安全。我国公路大件运输发展较晚，越来越不能满足社会和国家对大件运输行业日益增长的效率和安全需求，大件运输方案研究的重要性和意义不言而喻。本书以热压罐公路大件运输项目为实例，对运输车辆的选择和线路选择进行分析，为某公路大件货物运输项目制定出合理可靠的运输方案，对具体成果进行总结，以期为以后大件运输项目方案的制定和实施提供可靠参考，从而降低运输事故发生的概率。

1.1.1　案例背景

我国作为全球最大的制造强国，迫切需要发展更强大的重工业，尤其是石化、电力、化工、冶金等基础行业，由于这些行业所需要的设备大多都有着价值高、超重、超长、超宽、超高、不可拆解的特点，这些货物能否顺利运往目的地，关系到经济的发展、工程的进展、人民的生命财产安全甚至社会的稳定。在五种运输方式（公路运输、铁路运输、航空运输、水路运输、管道运输）中，公路运输最为灵活，能到达其他运输方式到达不了的地方，并可在其他运输方式间起到衔接作用，即“门到门”运输，这使得公路大件运输成为大件运输不可或缺的运输方式。公路大件运输虽运用广泛，但是该方式对车辆和道路条件要求比较高，排障较多，如何经济、安全可靠地进行运输是运输企业一直面临的难题，制定合理、规范、安全、经济的运输方案成为重中之重。因此，制定运输方案是公路大件运输的重要内容。

近几年，我国大件运输行业发展比较快，大件运输企业数量持续增加。其中部分企业，如中国外运长航集团有限公司（SINOTRANS&CSC），已处于世界先进水平，拥有成熟的运输技术、先进的运输设备和优秀的人才，完成了多次高难的运输任务，积累了丰富的运输经验。

我国最初关于大件运输的法律法规不够完善，但随着经济的发展，与大件运输相关的法律体系也在不断完善，交通部 1995 年 12 月 4 日颁布了关于大件运输的法规《道路大型物件运输管理办法》，对大型物件进行了定义与分级。2016 年交通运输部颁布了《超限运输车辆行驶公路管理规定》，2021 年进行修正，其中第三条定义的超限运输车辆是指有下列情形之一的货物运输车辆：

(1) 车货总高度从地面算起超过 4 m。

(2) 车货总宽度超过 2.55 m。

(3) 车货总长度超过 18.1 m。

(4) 二轴货车，其车货总质量超过 18 000 kg。

(5) 三轴货车，其车货总质量超过 25 000 kg；三轴汽车列车，其车货总质量超过 27 000 kg。

(6) 四轴货车，其车货总质量超过 31 000 kg；四轴汽车列车，其车货总质量超过 36 000 kg。

(7) 五轴汽车列车，其车货总质量超过 43 000 kg。

(8) 六轴及六轴以上汽车列车，其车货总质量超过 49 000 kg，其中牵引车驱动轴为单轴的，其车货总质量超过 46 000 kg。

该规定还优化了大件运输许可流程，提高了许可效率；要求建立大件运输许可管理平台；规范了大件运输许可收费行为；建立了大件运输许可信用管理制度，是我国大件运输法律体系的一次进步。

在大件运输理论方面，李志鸿结合影响车辆选择的因素和实际项目操作中的经验，提出了公路大件运输车辆选择的评价方法，提出了车辆选择的评价指标以及应用语言变量进行评价；罗建建立了大件运输的路线选择层次模型，采用层次分析法（AHP）对模型进行算法设计，并通过实际案例进行了算法验证；侯栋梁对道路的道路最大坡度、最小转弯半径、桥梁载荷和净空要求等进行了分析；乔国会等人对影响运输路线选择的主要因素进行分析，确定了可行运输路线，并利用了模糊理论来优选运输路线；刘仁文研究了公路大件运输的安全问题，分析了大件运输中可能出现的重要的安全问题并分析了安全因素，最后提出了运输方案的预先危险分析模式。我国大件运输行业虽然起步晚，但发展迅速，前景较广，正朝着国际化、集约化、规模化的方向前进。

国外大件运输行业比我国起步得早，有着先进的设备、丰富的管理经验和成熟的行业规范制度。就运输车辆而言，目前北美、日本、西欧等拥有先进的运输车辆设计制造能力，例如，影响力最大的液压悬挂车，主要车型分为法系、德系两大类。法系为尼古拉斯（Nicolas）；德系为索埃勒（Scheuerle）、歌德浩夫（Goldhofer）、意大利的科米托（Cometto）。大件运输车辆最重要的性能指标之一就是通过能力，其中法系尼古拉斯车辆货台低矮，具有很大的通过性优势。

德系运输车辆强度高、刚度大，可用更少的车拉更重的货。高强度钢材的不断应用提高了车辆的结构承载能力，液压悬挂系统可以在三点支撑和四点支撑之间切换，以适应不同工况，液压悬挂还能自动调整高度，能在不平整的路面上自动调整平衡，还能在无起重机的情况下自行装卸货物。之后兴起的自行式模块化液压模块车（SPMT）最大载重量达到数千吨，其中索埃勒公司设计的 2.43 m 窄系列模块车风靡市场，完成了许多重大的大件运输任务。2009 年，挪威最大的船厂——Aker Stord 创造了一项陆地运输的世界纪录，该厂将刚完工的一个总重

15 000 t,约等于 83 架波音 747 客机的油水分离装置运输到附近的浮动平台,最终使用了总共 540 轴线规模的 SPMT 集群才完成了这一重大任务。国外的起重设备也早已经解决了大件货物装卸困难的问题,比如美国、荷兰和德国等发达国家使用组合式可行走的液压起重门架来装卸各种大件货物;Xiang X 等人建立了一种多目标模型以优化货车载重负荷和提高车辆运输能力,并用一个双层的算法解决了这个模型的运算问题。

在选择运输线路研究方面,国外已经有研究人员创建出了模型并进行了有效的运算,电子地图、计算机技术和 GIS 信息化技术等也为公路大件运输项目提供了备选方案以及优化决策,为公路大件运输企业提供了更先进、高效、快捷的运输组织与管理手段。Lamiraux 等人对大件运输车辆转弯时的运输情况进行研究,并分析了运输过程中车组及其车组外形等因素对运输通过性的影响,并且提出、设计了大件运输方案的可行原则。

欧美国家大件运输行业的领先,不仅仅在于技术、设备、人才的领先,其管理水平、运输组织、管理方法也十分先进。其与现代化通信、计算机技术紧密结合进行计算机辅助设计规划,只需要在模拟系统中输入货物尺寸、质量、质心、出发地以及目的地等,就能由计算机自动计算出备选方案以供优化决策。各国政府也制定了大件运输方面的许多标准,比如统一托盘标准、物品条形码标准、车辆承载标准等。

1.1.2　案例内容

本案例分析了影响公路大件运输安全性的各种因素,结合运输目标热压罐的实际情况(如质量、尺寸、运输始终点等),设计了适合于该货物的运输方案。在车组配置方面,本例选择的是牵引式全挂车组,牵引车为法国威廉姆 TG300 牵引车,8×8 驱动,发动机最大转矩 2 019 N · m;挂车为法国尼古拉斯液压平板挂车,拼接形式为 11 轴 3 纵列。本案例设计了 4 个鞍座来支承货物,每个鞍座质量为 6 t,鞍座下有额定承受压强为 1 000 kPa 的衬垫 10 mm 橡胶板。在选择运输线路时考虑了诸多因素,最终选择了一条最合理的线路。针对影响车组安全性的几个重要因素,通过计算验证以及计算机有限元仿真分析,验证方案可行,主要包括:鞍座强度校核(鞍座变形校核、应力校核)、牵引能力校核(行驶阻力计算、附着力计算、牵引力校核)、车组运行稳定性校核(横向稳定性校核、纵向稳定性校核、塌点稳定性校核)、绑扎加固稳定性分析(货物横向滑动、倾倒计算校核及货物纵向滑动倾倒计算校核)。

本案例对人员的配置、装配工作的具体细节、乐山大件码头与目的地的装卸过程、桥梁的通过性分析等未进行研究,读者可进一步进行思考与研究。

1. 运输车组的配置

1)货物的基本信息

本次项目运输的目标货物是一个热压罐(见图 1-1),其主要参数见表 1-1。

表 1-1　热压罐主要参数

参　　数	数　　值
名称	热压罐
外形尺寸/mm	20 100×6 550×6 550
质量/t	182

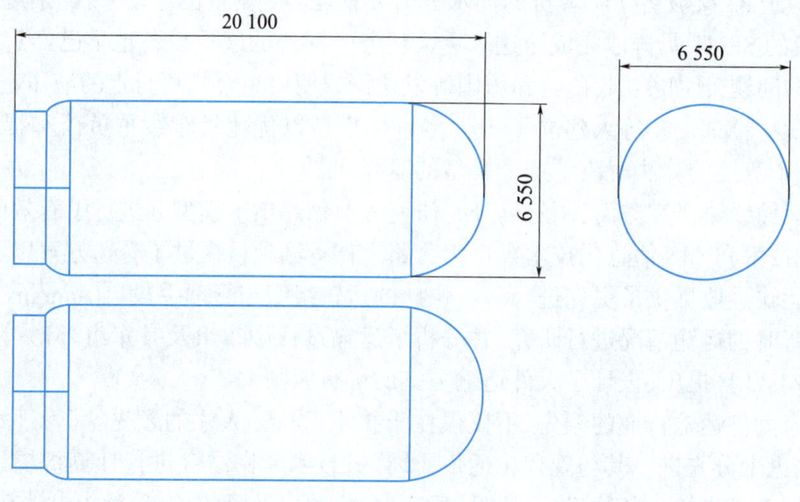

图 1-1　热压罐尺寸示意图(单位:mm)

2)货物运输方式

根据要求,本次运输的货物将采用公水联运,首先在上海罗泾港接货,然后江运至乐山大件码头,在乐山大件码头卸船装车,再由公路运输至成都市青羊区的某集团工业公司。其流程及运输方式如图 1-2 所示。

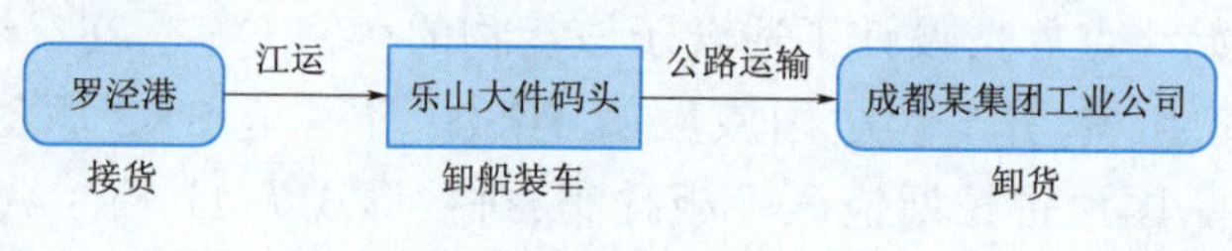

图 1-2　流程及运输方式

罗泾港到乐山大件码头为水路运输,不属于本案例讨论的范围,本案例研究范围是公路大件运输,因此主要研究后半段运输方案,即从乐山大件码头至成都某集团工业公司的公路大件运输。

3)大件运输车组介绍

大件运输不同于普通货运,大件运输车辆作为大件货物载具,除了要保证可以安全承载以外,还要能分散载荷以满足道路、桥梁承载能力和通过能力的要求,这就使得大件运输车辆需要用足够长的车体和足够多的轮胎进行分载,并且还要保持各轮在行驶中受力相等。目前大件运输行业最常见的挂车是液压平板挂车。根据不同的驱动方式和转动方式,液压平板挂车可以分为以下两种:本身无动力,需要靠牵引车牵引的牵引式全挂车、牵引式半挂车;本身自带动力的自走式车组、回转式自走车组。其中自走式车组、回转自走式车组拥有自己的驱动装置,更加灵活,能方便地进行多种转向模式,比如 360°中心回转、整体侧向平移、仅前部转弯和随意确定转向中心的转弯等。但受到驱动轮液压马达速度-负荷特性的限制,速度提高牵引力就会下降,因此不适用于长途运输,更适用于施工现场内的倒运等短距离运输,因此本例不作讨论。

挂车是公路大件列车组合中的载货部分,本身没有动力驱动装置,需要在牵引车的带动下实现货物的运输和转移，主要有半挂车、全挂车、平板挂车、长货挂车及其他变形挂车等。以下介绍牵引式全挂/半挂车及其变形形式。

(1)牵引式全挂车组：牵引式全挂车是由车身、车架、转向盘、牵引架与转向架(轴式转向)或转向杆系(轮式转向)、行走机构和悬架组成的大件运输基本装备，通过牵引钩和挂环与牵引车相连接，一般全挂车的前轴为转向轴以减少轮胎的磨损、侧滑。使用全挂车时，全部载荷都由挂车的轮轴承担，载重量为 40~200 t，行驶速度为 8~20 km/h，适用于特大、特重的货物与设备，根据最大载重量的不同又可分为轻型、中型和重型，重型挂车又分为平板、长货和轿式挂车。全挂车的转向系统基本上采用回转盘转向，即牵引车通过牵引架拉动前轴与回转盘下部一起运动，相对挂车车体转一个角度从而实现转向。其转向机构分为两种，40 t 级为连杆双转盘式；60 t 级以上的为全轮液压牵引转向或控制转向并配有柴油机与高压轴向柱塞油泵(统称为动力单元)。

与半挂车相比，全挂车因为牵引杆的长度以及牵引杆低于挂车承运平面，所以货物可以适当探出挂车前段，这就使得全挂车能运输更长的货物，加上挂车可以依需要进行组合，可以采用多个牵引车联合牵引，可以最大限度适应不同货物情况和道路情况。全挂车与半挂车相比，缺点是行驶速度较低，灵活性较差。

(2)牵引式半挂车组：半挂车组由牵引车、液压鹅颈、平板挂车、液压动力机构组成。与全挂车相比，液压鹅颈替代牵引杆传递牵引力，同时能将一部分载重转移到牵引车上。半挂车转向则是由牵引车鞍座与鹅颈之间的旋转角驱动转向液压缸实现。常见的半挂车有厢式挂车、罐式挂车、集装箱挂车、乘客挂车、自卸挂车等，其优点有：

①车速快(车速一般能达到 55~85 km/h)。

②承载货台低，能装载容量大和尺寸较高的货物。

③车组车体短。牵引车轴距和后悬均短，有较好的机动性、通过性和较小的转弯半径，并且易于倒车。

④载重量大。一般牵引车能支持半挂车最大总质量的 40%~50%，因此可以增加载重量。

4)牵引车介绍

牵引车是为挂车提供牵引力的驱动装置，是列车组合中的动力来源。大件运输牵引车牵引总质量一般在 100 t 以上，通常配备了大功率发动机、分动器与重型驱动桥等设备。

根据结构与功能的不同，牵引车可分为半挂牵引车与全挂牵引车。

(1)半挂牵引车：车架上没有货箱，本身并不载货，只进行牵引。通过牵引鞍座带动半挂车行驶并承受半挂车最大载重量的 40%~50%。

按驱动形式，半挂牵引车又可分为 4×2、4×4、6×2、6×6、8×8 等几种形式，如德国奔驰 4060 牵引车(见图 1-3)，具有 540 马力①超强劲功率。

扫一扫

图 1-3　奔驰 4060 牵引车

奔驰 4060 牵引车的主要参数见表 1-2。

---

① 1 马力=735.498 W。

表 1-2　奔驰 4060 牵引车的主要参数

基本信息	型号	Actros4060 6×6	发动机	发动机型号	OM502LA
	驱动形式	6×6		燃油种类	柴油
	轴距	3 900 mm+1 450 mm		气缸数	8
	车身长度	7.417 m		排量	15.928 L
	车身宽度	2.5 m		气缸排列形式	V 形
	车身高度	3.714 m		最大马力	610 马力
	整车质量	10.175 t		最大输出功率	448 kW
	总质量	40 t		扭矩	2 400 N·m
	牵引总质量	250 t		最大扭矩转速	1 080 r/min
	最高车速	104 km/h		额定转速	1 800 r/min
变速箱	变速箱型号	G240-16	底盘	后桥	轮边二级减速驱动桥
	换挡方式	手动			
	前进挡位	16 挡		后桥允许载荷	16 t
	倒挡数	2 个			
	轮胎数	10 个		后桥速比	6
	轮胎规格	14.00 R20			

扫一扫

图 1-4　奔驰 4860AS 全挂牵引车

(2)全挂牵引车:用于全挂列车和特种挂车列车的牵引,全挂牵引车只提供向前的拉力,不承受货物的载荷。国内的牵引车品牌主要集中在奔驰、沃尔沃、曼恩三大品牌,奔驰 4860AS 全挂牵引车如图 1-4 所示。

5)液压平板挂车介绍

随着现代液压技术的发展,用液压管路连接各悬架液压缸,使货物载荷均匀分配到每个挂车悬架的液压平板挂车成为了目前大件运输车辆的基本形式,其特点是自重小、载货承台低、承载能力大。较小的挂车可以组成模块,各模块可以根据不同的货物质量和尺寸,组合形成长度、宽度不同的挂车以满足分散载荷的要求。

液压平板挂车按照功能可将其结构分为悬架、车体、制动系统、转向系统、液压支承系统等,对自走车来说还有驱动系统。

常用液压平板挂车的性能参数有:轴数、纵列数、长宽高、挂车轴重、轴自重、轴载重和允许轴重。

轴重是指一个轴线上所有车轮对地面作用力的和,又称挂车轴载或轴载荷。其大小不仅取决于货物和挂车质量,还取决于货物的装载位置和悬架液压系统的组合方式。轴重的粗略计算公式为

$$N=\frac{(m_1+m_2)g}{n} \tag{1-1}$$

式中　N——挂车轴重,kN;

m_1——挂车质量,t;

m_2——货物质量,t;

n——挂车轴数;

g——重力加速度,取 9.8 N/kg。

常见液压平板挂车的基本参数见表 1-3,德国索埃勒(Scheuerle)公司的液压平板挂车如图 1-5 和图 1-6 所示。

表 1-3　常见液压平板挂车的基本参数

挂车品牌	尼古拉斯(Nicolas)	尼古拉斯(Nicolas)	索埃勒(Scheuerle)	上海水工	索埃勒(Scheuerle)
产地	法国	法国	德国	中国	德国
挂车型号	SGT17.15	MDED	INTER COMBI	SS900000	SMPT(全回转)
轴距/mm	1 600	1 550	1 500	1 600	1 400
车宽/mm	3 630	2 990	3 000	3 400	2 430
车高/mm	1 080±270	1 080±325	1 190±325	1 070±210	1 500±350
轴自重/kN	约 50	约 33	约 33	约 44	约 39
最大允许轴重/kN	340(5 km/h)	360(1 km/h)	360(1 km/h)	270(8 km/h)	360(1 km/h)
车轮最大转角	45°	55°	60°	45°	+130°/-100°

2. 鞍座的设计

1)鞍座设计

根据目标货物的尺寸,本次方案的液压平板车拼接形式为 11 轴线 3 纵列,车宽 4 500 mm,货物装载在鞍座上。

扫一扫

图 1-5　德国索埃勒公司 INTER COMBI 型液压平板挂车

根据货物的尺寸,鞍座设计图如图 1-7 所示。在设备与鞍座之间加垫 5 mm 厚胶皮,防止损伤设备表面。

利用 ANSYS15.0 进行建模,鞍座三维示意图如图 1-8 所示。

鞍座材料选用普通 HG60 钢,由分析软件获取其体积为 0.754 11 m^3,普通碳素钢密度为 7.85 g/cm^3,则每个鞍座质量为 6 t。

2)鞍座强度校核

ANSYS 是目前世界上流行的大型通用有限元分析软件之一,由美国 ANSYS 公司开发,操作简便,功能强大,在各个领域都有着广泛应用,是各大高校有限元分析的标准教学软件。

扫一扫

图 1-6　德国索埃勒公司 SMPT 型液压平板挂车

进入 ANSYS Workbench 的 Model 界面,为鞍座选择材料 HG60 钢,添加约束以及载荷,在求解选项中添加总形变(total deformation)以及等效应力(equivalent stress)。单击“求解”按钮计算出结果,如图 1-9 和图 1-10 所示。

3. 平板挂车的选择及强度校核

1)平板挂车的选择

根据货物及鞍座尺寸,在本次运输任务中,液压平板挂车选用法国尼古拉斯(Nicolas)生产的型号为 MDED 的挂车,如图 1-11 和图 1-12 所示。每轴最大承载重量约为 34 t,平板车宽度为 3 000 mm(2 纵列),长度为轴距(1 550 mm)×轴线数,尼古拉斯 MDED 型液压平板挂车的基本参数见表 1-4。

2)平板挂车强度校核

扫一扫

图 1-7　鞍座设计图(单位:mm)

在结构力学中,拥有两个以上支座的梁称为连续梁,平板液压车架的主纵梁可视为一个连续梁。当货物及鞍座装载到车架上时,车架受到鞍座向下的力(N_1,N_2,…,N_m)、车架自身重力以及横梁对主纵梁向上的力(F_1,F_2,…,F_n),液压平板车架受力示意图如图 1-13 所示。

表 1-4　尼古拉斯 MDED 型液压平板挂车基本参数

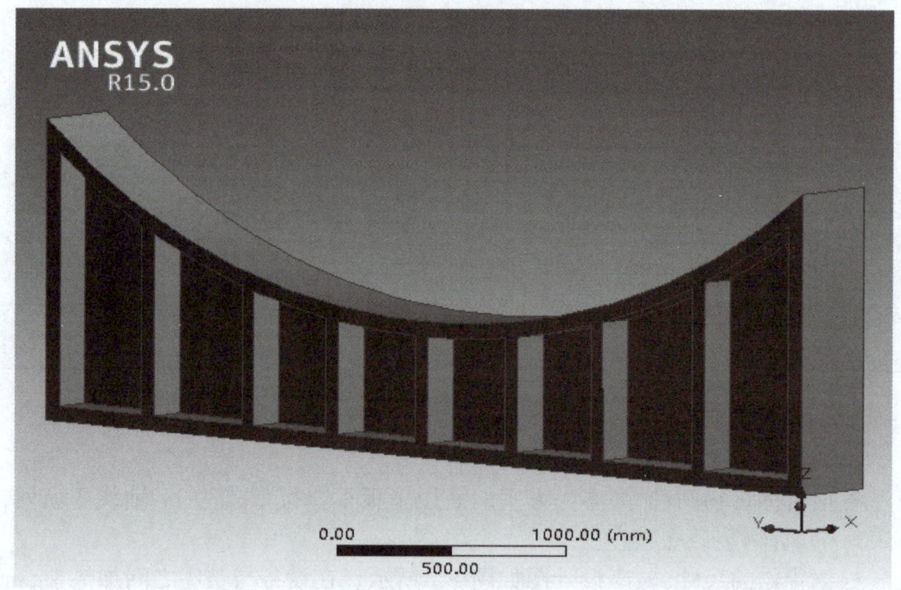

图 1-8　鞍座三维示意图

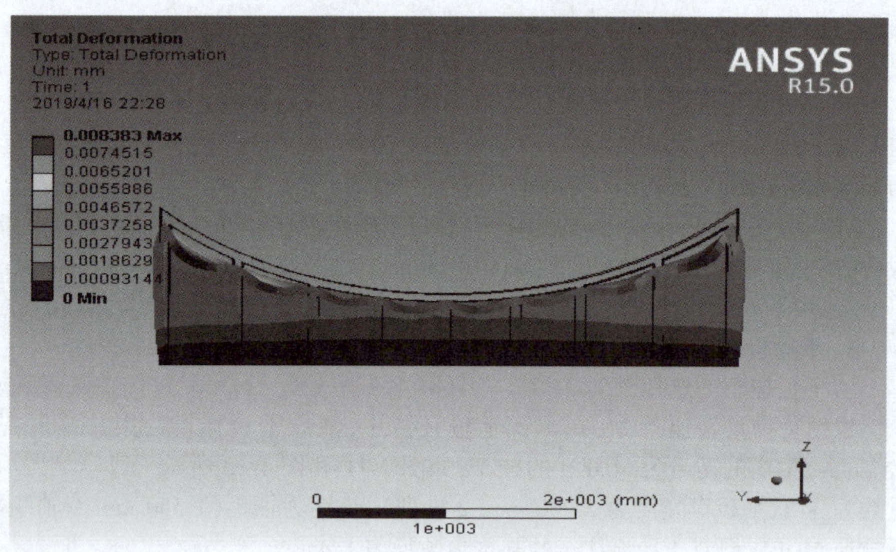

图 1-9　鞍座形变图

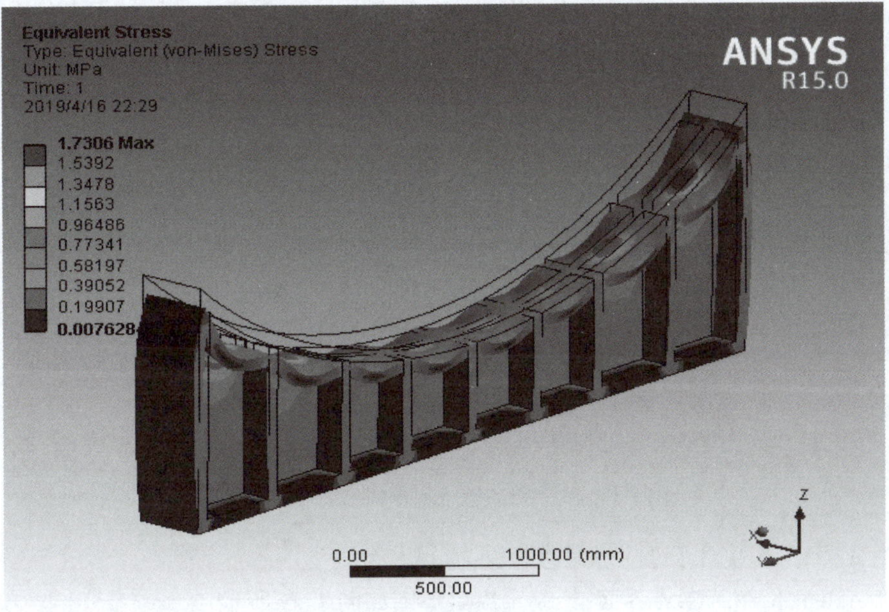

图 1-10　鞍座等效应力图

图 1-11　尼古拉斯 MDED 型液压平板挂车

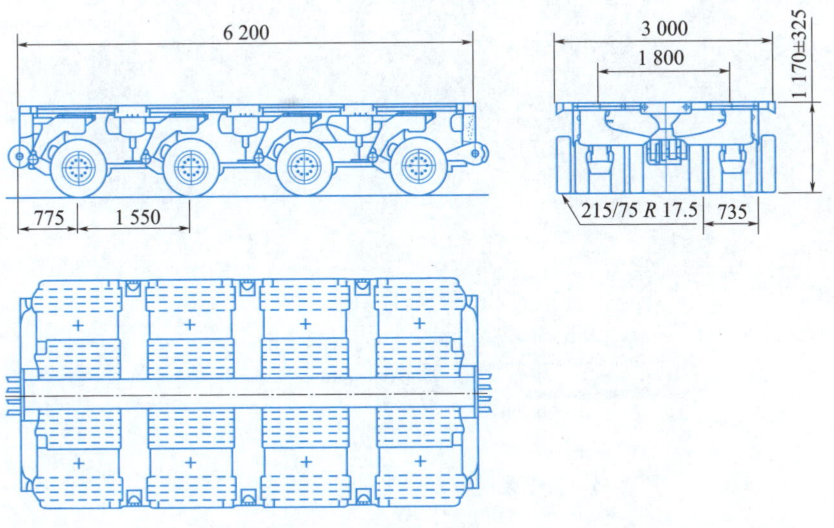

图 1-12　尼古拉斯 MDED 型液压平板挂车三视图(单位:mm)

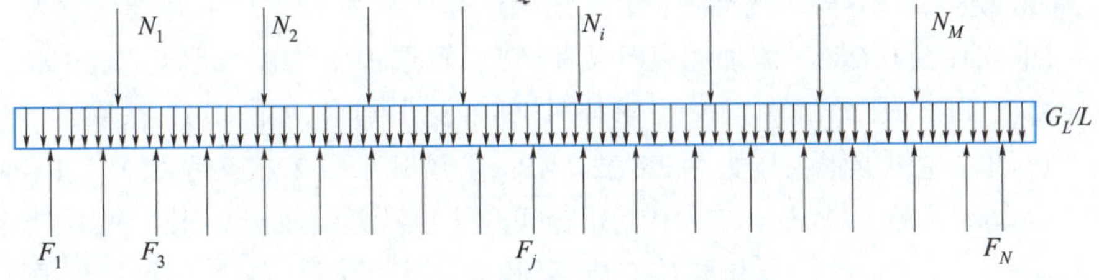

图 1-13　液压平板车架受力示意图

由于货物通常比车架大,总体来说,货物的惯性矩通常是平板挂车纵梁惯性矩的百倍以上。由材料力学可知,货物的纵向刚度远大于平板车架的纵向刚度,所以当平板车架与货物在同一个力学系统里进行分析时,可以将货物看作刚体,忽略其形变,只分析平板车架的受力与形变。因此可以把图 1-10 的力学系统转化为以鞍座为支座、以横梁为主纵梁、主纵梁本身的作用力为载荷的等效力学系统,如图 1-14 所示。

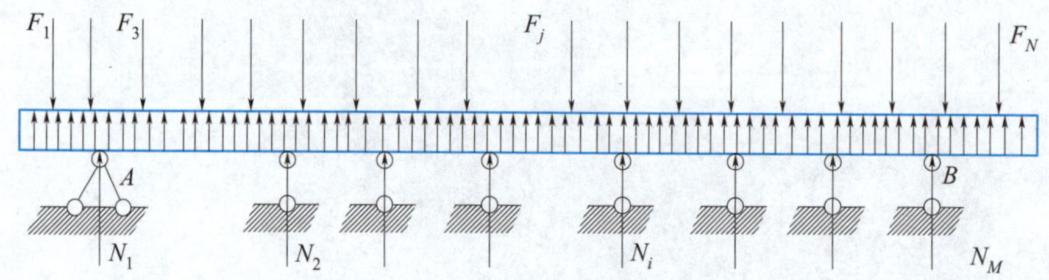

图 1-14　车架受力的等效系统

接下来利用 ANSYS15. 0 对车架主纵梁进行受力分析:

首先打开 Workbench,进入 DM 界面,绘制主纵梁草图如图 1-15 所示。

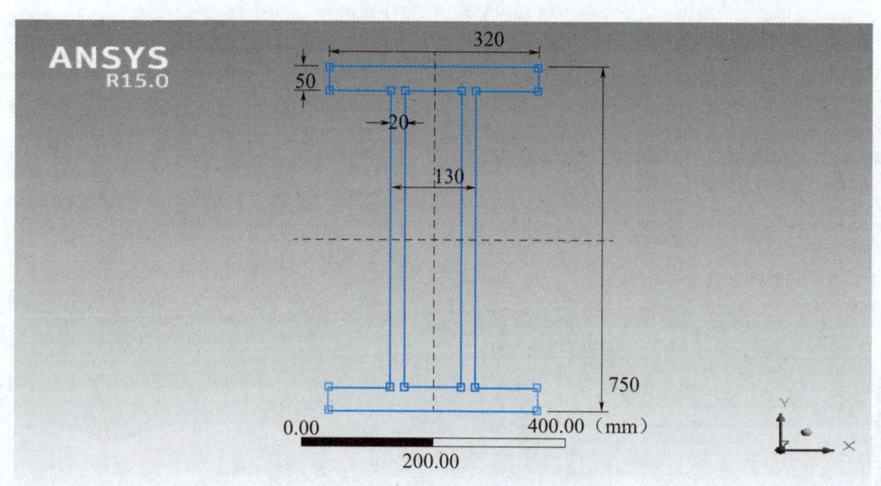

图 1-15　主纵梁横截面草图

然后使用拉伸功能,将二维横截面拉伸为三维实体,如图 1-16 所示。

单击 Model,进入结构静力分析界面,为主纵梁选择材料为 HG60 钢,弹性模量为 2.06×10^{11} (N/m^2,Pa),泊松比为 0. 280。添加约束及载荷,在求解选项中添加总形变(total deformation)以及等效应力(equivalent stress)。单击“求解”按钮计算出结果,如图 1-17 和图 1-18 所示。

由图 1-18 可见主纵梁最大压力为 25. 227 MPa,取动载系数 2、安全系数 1. 3,HG60 钢许用应力为$[\sigma]=(460/1.3)/2$ MPa=177 MPa,由此可见主纵梁符合安全要求。

鞍座与液压平板挂车的设计与校核完成后,得到车组的配车参数,见表 1-5,配车尺寸示意如图 1-19 所示。

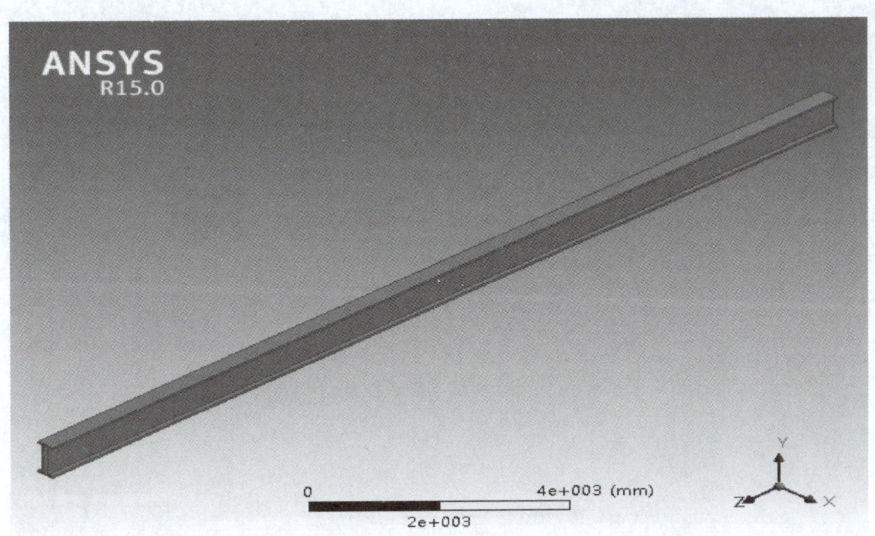

图 1-16　主纵梁实体模型

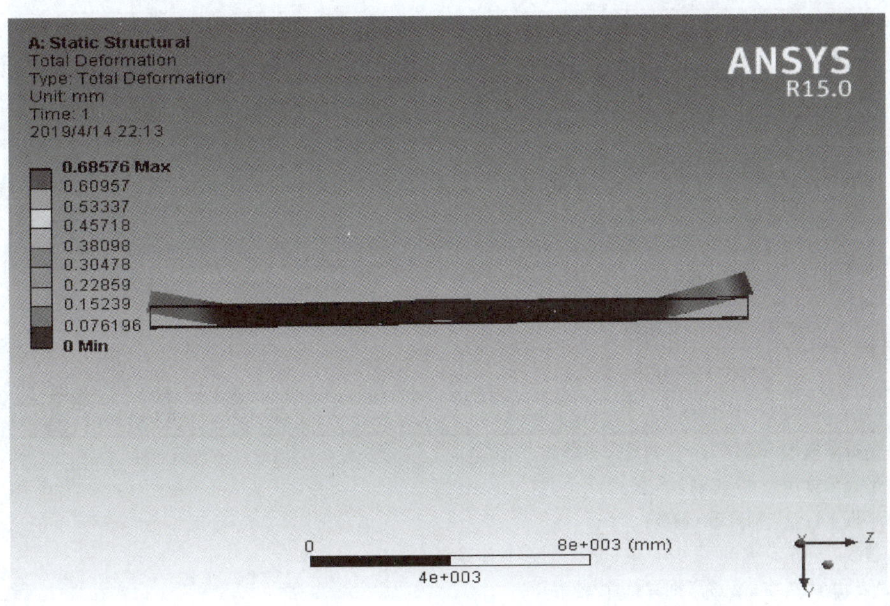

图 1-17　总形变分析结果

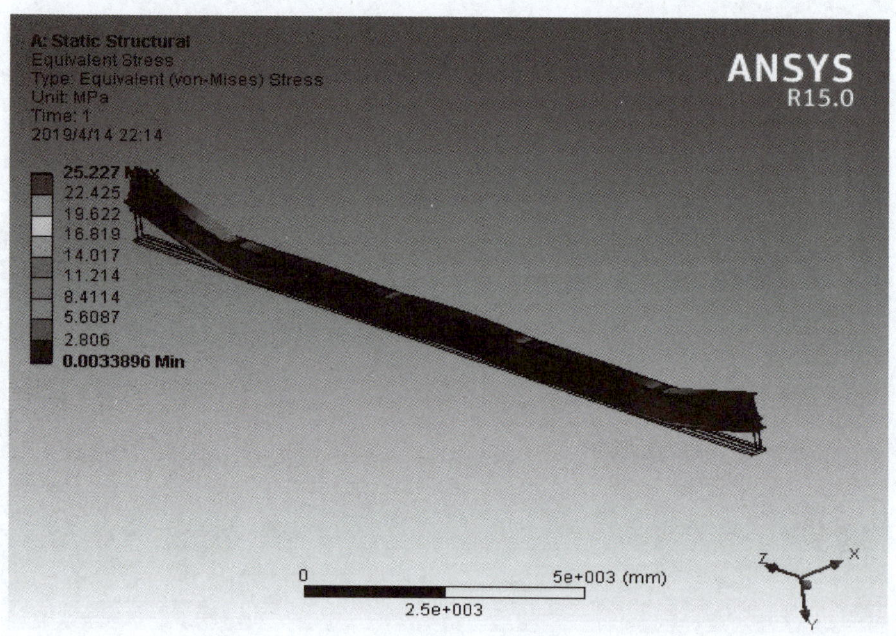

图 1-18　等效应力分析结果

表 1-5　车组配车参数

拼接形式	11 轴线 3 纵列
平板车最大承载能力	561 t
平板车货台尺寸(长×宽)	17 050 mm×4 500 mm
平板车自重	56 t
设备质量	182 t
鞍座质量	24 t(6×4)
装载后列车总质量	262 t
平均轴线负荷	23 t
平板车总轮数	132 轮
平均单胎负荷(12 轮/轴线)	1. 9 t
装载后列车运行尺寸(长×宽×高)	20 100 mm×6 650 mm×7 500 mm

注:(1)平板车最大承载能力=每轴最大承载能力×轴数;
(2)平板车货台尺寸=车长×车宽;
(3)平板车自重=轴自重×轴数;
(4)装载后列车总重=平板车自重+设备重量+鞍座重量;
(5)平均轴线负荷=装载后列车总重/轴数;
(6)平板车总轮数=轴线数×12;
(7)平均单胎负荷=平均轴线负荷/12。

3)轴线载荷校核

(1)确定挂车编点方式:液压支承编点分组方式关系到大件运输车辆的整体稳定性和挂

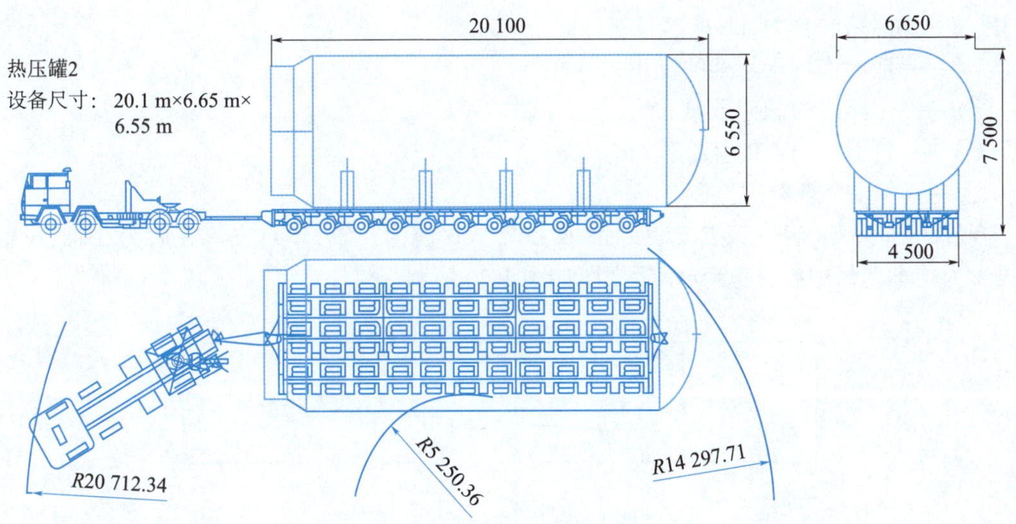

图 1-19　配车尺寸示意图(单位:mm)

车各轴的轴载。目前大件运输车辆挂车编点方式通常为三点支承或四点支承。当使用道路较为平坦,且载重量不超过车辆满载重量 50% 的情况时,可考虑使用四点支承编点方式;当使用道路不平,或需依靠货物进行挂车横向或纵向连接的车组组合时,可考虑使用三点支承编点方式。应结合实际情况确定大件运输车辆挂车编点方式。

(2)建立坐标轴:建立挂车的 $Oxyz$ 直角坐标系。x 轴指向为挂车的纵向向前,y 轴指向为挂车横向向右,z 轴指向为地面的法线方向向上,坐标原点为挂车纵中剖面、横中剖面、悬架纵轴所在平面(挂车的稳定面)的交点。

(3)确定回路合力位置及合力:

①已知条件:

◆ 货物规格:20 100 mm×6 550 mm×6 550 mm,质量 $Q=182$ t;

◆ 货物重心离地高度 $h=4\ 125$ mm(车板载台面高度 900 mm);

◆ 装载车辆:3 纵列 11 轴线液压车板车组;

◆ 挂车轴距:1 500 mm,纵列距 1 550 mm;

◆ 车组自重 $Q_{车}=56$ t(全挂不含牵引车自重);

◆ 液压车板重心高度:$h_{车}=500$ mm,承载面距路面高度 900 mm;

◆ 车货总重:$Q_{总}=Q_{车}+Q_{货}=(56+182)$ t$=238$ t;

◆ 铺垫材料:厚 5 mm 橡胶垫。

②确定挂车各回路合力位置(以几何中心为坐标系原点):

合力和合力作用点坐标的计算公式为

$$\left.\begin{aligned} R &= nQ \\ x &= \frac{\sum Qx_i}{nQ} = \frac{\sum x_i}{n} \\ y &= \frac{\sum Dy_i}{nQ} = \frac{\sum y_i}{n} \end{aligned}\right\} \tag{1-2}$$

式中 R——回路的合力,kN;

Q——地面作用于悬架的支承力,kN;

n——回路内的悬架数量,个;

x,y——合力作用点的坐标;

x_i,y_i——第 i 个悬架的坐标。

合计 33 个悬架,组成三点支承平面,两点支承在前为 8 轴,单点支承在后为 3 轴,设备重心投影为挂车几何中心,三点支承平面图如图 1-20 所示。

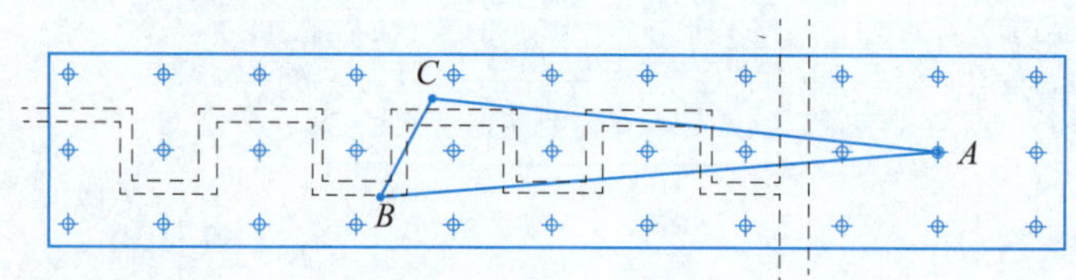

图 1-20 三点支承平面图

③根据平衡方程组计算货物分配到各回路的合力 R_A、R_B、R_C 把货物重心的 x 坐标、回路合力位置坐标和货物重力代入式(1-3)中。

$$\left.\begin{aligned} R_A+R_B+R_C&=mg \\ R_Ax_A+R_Bx_B+R_Cx_C&=mgx_G \\ R_Ay_A+R_By_B+R_Cy_C&=0 \end{aligned}\right\} \tag{1-3}$$

式中 R_A,R_B,R_C——货物重力分配到各回路的合力,kN;

x_A,x_B,x_C——各回路合力位置的 x 坐标;

y_A,y_B,y_C——各回路合力位置的 y 坐标;

mg——货物重力,N;

x_G——货物重心的 x 坐标。

解方程可得

$$R_A=645.67\ \text{kN}(\text{前一点编点})$$
$$R_B=867.12\ \text{kN}(\text{后左侧编点})$$
$$R_C=867.12\ \text{kN}(\text{后右侧编点})$$

④货重分配到各悬架载荷的计算公式为

$$Q=\frac{R}{n} \tag{1-4}$$

式中 Q——一个回路内的悬架所承受的货物载荷,kN;

n——一个回路内的悬架数量。

解方程可得

$$Q_A=R_A/9=645.67/9\ \text{kN}=71.74\ \text{kN}$$
$$Q_B=R_B/12=867.12/12\ \text{kN}=72.26\ \text{kN}$$
$$Q_C=R_C/12=867.12/12\ \text{kN}=72.26\ \text{kN}$$

⑤计算挂车各轴线的轴载重、轴重、轴自重的计算公式为

$$
\left.\begin{aligned} N_{Qi} &= \sum_{i=1}^{K} Q_{ij} \\ N_i &= N_{Qi} + N_{ti} \end{aligned}\right\} \tag{1-5}
$$

式中　K——纵列数；

Q_{ij}——位于第 i 条轴线、第 j 纵列的悬架所承受的货物载荷，kN；

N_{Qi}, N_i, N_{ti}——第 i 条轴线的轴载重、轴重、轴自重，kN。

解方程可得

$$N_{Qi} = 3\times Q_B = 3\times 72.26\ \text{kN} = 216.78\ \text{kN}$$

$$N_{ti} = 56\times 9.8/11\ \text{kN} = 49.89\ \text{kN}$$

$$N_i = N_{Qi} + N_{ti} = (216.78+49.89)\ \text{kN} = 266.67\ \text{kN}$$

(4)允许轴线载荷见表 1-6。

表 1-6　常见液压平板挂车轮胎和胎轴在不同车速下的允许载荷

车速/(km/h)	普利司通轮胎 251/75 R.5 135/133J		米其林轮胎 251/75 R.5 135/133J		SAF 轮胎 WEZNMP 6030/15
	双胎负荷/kN	轮胎气压/MPa	双胎负荷/kN	轮胎气压/MPa	轮负荷/kN
80	85.70	0.85	82.40	0.85	100.00
62	90.20	0.89	90.14	0.94	104.00
40	100.30	0.94	100.28	0.94	115.00
25	117.80	1.00	117.72	0.99	120.00
20	127.90	1.00	130.80	1.09	125.00
15	137.10	1.00	143.88	1.06	129.00
10	145.00	1.00	156.96	1.11	140.00
5	159.40	1.00	183.12	1.19	170.00
1	183.70	1.00	210.00	1.19	180.00
0	189.70	1.00	218.00	1.19	—

结论：最大轴线载荷为 266.67 kN，小于大件公路的设计标准，满足要求。

4. 牵引车的选择与牵引力校核

影响大件运输牵引车选择的因素有很多，如货物重量、行驶阻力等，此处主要通过对车组的发动机牵引力、附着力、行驶阻力三个力进行校核。

1)牵引力、附着力、与行驶阻力

(1)发动机牵引力：发动机牵引力是指发动机产生的转矩 T_ε 经传动系统传至驱动轮，在车轮上形成的转矩使车轮旋转，车轮与地面的摩擦力对车轴的力矩与转矩相平衡，从而产生牵引力，作用于地面与驱动力的切点，方向是车辆前进方向。其公式为

$$F_t = \frac{T_t}{r} \tag{1-6}$$

式中　F_t——作用于车轮的驱动力；

T_t——车轮的转矩，kN·m；

r——车轮的动力半径。

对于大件运输牵引车来说，发动机的转矩 T_ε 要先经过液力变矩器、变速器、驱动桥主减速器等才能转化为车轮的转矩 T_t，过程中还存在着能量损耗。车轮转矩的计算公式为

$$T_t = T_\varepsilon i_\varepsilon i_g i_0 i_w \eta_T \tag{1-7}$$

式中　i_ε——液力变矩器变矩比；

i_g——变速桥传动比；

i_0——驱动桥主减速器传动比；

i_w——轮边减速器传动比；

η_T——传动系统的机械效率。

因此，由式(1-6)和式(1-7)可知发动机牵引力的计算公式为

$$F_t = \frac{T_\varepsilon i_\varepsilon i_g i_0 i_w \eta_T}{r} \tag{1-8}$$

(2)地面附着力：地面附着力 F_φ 指驱动轮与路面的最大摩擦力，与轮胎对地面的正压力 F_z 成正比，其计算公式为

$$F_\varphi = F_z \varphi \tag{1-9}$$

式中　F_z——驱动轮对地面的正压力，kN；

φ——附着系数，由轮胎和路面决定，主要取决于路面种类和状况。

常见的路面附着系数取值见表1-7。

表1-7　常见的路面附着系数取值

路面性质	路面状况	附着系数 φ
混凝土或沥青路面	干燥	0.7
	潮湿	混凝土0.7，沥青0.6
碎石路面	干燥	0.6
	潮湿	0.5
硬土路面	干燥	0.5
	潮湿	0.3
冰雪路面		<0.2

(3)行驶阻力：车组在行驶中会受到各种阻力，包括滚动阻力、空气阻力、上坡阻力等，一般来说，车组行驶阻力的计算公式为

$$\sum F = F_i + F_w + F_j + F_f \tag{1-10}$$

式中　$\sum F$——车组行驶阻力，N；

F_i——上坡阻力，N；

F_w——空气阻力，N；

F_j——加速阻力，N；

F_f——滚动阻力，N。

上坡阻力 F_i 是车组在上坡时的下滑力,计算公式为

$$F_i = mg\sin\alpha = mgi \tag{1-11}$$

式中　mg——车组总重,N;

α——路面与坡面的夹角,(°);

i——坡度,坡道升高量与坡道水平距离之比,较平缓时(约 5°)取值为 $\sin\alpha\approx\tan\alpha=i$。

空气阻力 F_w 是车辆行驶时空气作用在汽车行驶方向的分力,计算公式为

$$F_w = \frac{C_D A v^2}{21.15} \tag{1-12}$$

式中　C_D——空气阻力系数,主要与装载货物后的车辆整体外形有关,货车一般取值为 0.6~0.85;

A——汽车的迎面面积,即车辆行进方向的投影面积,m^2;

v——无风时车辆的行驶速度,km/h。

大件运输过程中的车辆行驶速度一般小于 45 km/h,上坡时小于 10 km/h,较缓慢,所以常忽略空气阻力的影响。

加速阻力 F_j 是使车辆克服自身惯性加速运动时的力,计算公式为

$$F_j = \delta m \frac{dv}{dt} \tag{1-13}$$

式中　δ——汽车旋转质量换算系数,大于 1;

m——车组总质量,kg;

$\frac{dv}{dt}$——车辆行驶加速度,m/s^2。

滚动阻力 F_f 是车轮滚动时产生的阻力,包括轮胎与地面的摩擦、轮毂与轴承间的摩擦和轮胎内部摩擦,计算公式为

$$F_f = mg\cos\alpha\, f = mgf \tag{1-14}$$

式中　f——滚动阻力系数。

滚动阻力系数与车速、轮胎、路面等有关,常见路面、低速行驶时滚动阻力系数的近似值见表 1-8。

扫一扫

表 1-8　滚动阻力系数 f 的近似值

在公路大件运输的一般情况下,空气阻力非常小,可以忽略不计,这样行驶阻力公式简化为

$$\sum F = F_i + F_j + F_f \tag{1-15}$$

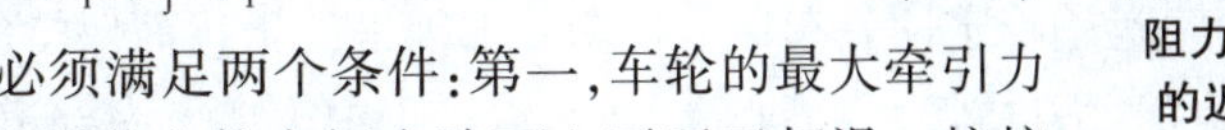

根据汽车行驶理论,车辆若能行驶必须满足两个条件:第一,车轮的最大牵引力大于行驶阻力;第二,驱动轮要有足够的附着力使车辆在路面上不至于打滑。校核结果与改进措施如下:

若 $F_t < \sum F$ 且 $F_t < F_\varphi$,发动机牵引力不够,须增加牵引车;

若 $F_t > \sum F$ 且 $F_t > F_\varphi$,发动机牵引力不能充分发挥作用,须增加配重以增加附着力;

若 $F_\varphi \geqslant F_t \geqslant \sum F$,牵引力校核满足牵引条件。

扫一扫

图 1-21 法国威廉姆 TG300 牵引车

扫一扫

表 1-9 法国威廉姆 TG300 牵引车性能参数

其中,F_t 为牵引车组的最大牵引力,kN;F_φ 为地面的附着力,kN;$\sum F$ 为行驶阻力,kN。

2)牵引车的选择与牵引力校核

在本次运输任务中,选用法国威廉姆 TG300 牵引车,如图 1-21 所示。其主要参数见表 1-9。接下来对牵引力进行校核。

(1)行驶阻力计算

大件车组行驶阻力可视为爬坡时所有阻力之和,忽略加速阻力和空气阻力,用 F_p 表示,计算公式为

$$F_p = mg(i+f) \tag{1-16}$$

由路勘可知,线路上最大坡度不超过 3%,所以 i 取 3%,路面为沥青路面,所以滚动阻力系数 f 取 0.018,则车组运行时最大阻力为

$$F_p = mg(i+f) = 262\ 000\times9.8\times(0.03+0.018)\ \text{N} = 123\ 244\ \text{N}$$

(2) 附着力计算

由公式(1-9)可知,车组的附着力等于驱动轮对地面的正压力×附着系数,由表 1-9 可知,威廉姆 TG300 驱动形式为 8×8,即所有轮胎都是驱动轮,则车组的最大附着力 $F_{\varphi\max}$ 等于牵引车满配重时的附着力,计算公式为

$$F_{\varphi\max} = m_{\max} g\varphi \tag{1-17}$$

式中 $m_{\max}$——牵引车满配时的质量,kg;

φ——附着系数,由轮胎和路面决定,主要取决于路面种类和状况。

由表 1-7 可知,干燥的沥青路面,φ 取 0.7,根据表 1-9 中数据,牵引车最小及最大附着力为

$$F_{\varphi\min} = m_{\min} g\varphi = 29\ 200\times9.8\times0.7\ \text{N} = 200\ 312\ \text{N}$$

$$F_{\varphi\max} = m_{\max} g\varphi = (25\ 360+49\ 340)\times9.8\times0.7\ \text{N} = 512\ 442\ \text{N}$$

(3)牵引力计算与校核

由式(1-8)可求出牵引车发动机能输出的最大牵引力为

$$F_t = \frac{T_\varepsilon i_\varepsilon i_g i_0 i_w \eta_T}{r} = \frac{2\ 019\times2.82\times5.96\times16.187\times0.85}{0.705}\ \text{N} = 662\ 259\ \text{N}$$

计算可知满足车组运行的条件,能够正常行驶,所以牵引车选定为威廉姆 TG300 型牵引车。各挡位具体情况此处不再赘述。

5. 运输稳定性校核

运输稳定性是车辆能抵御外部因素的干扰而保持原有平衡状态的能力。大件运输货物通常尺寸大、质量大、重心高,在运输过程中需要考虑到道路宽度,从而使得挂车的宽度受到一定限制,这可能使得装载后的稳定性降低。因此需要对装载完成后的运输车辆进行稳定性分析,从车组运行稳定性和货物的绑扎加固两个方面分析,以确保运输车辆的安全。

1) 挂车横向稳定性校核

(1)挂车的稳定面:如图 1-22 所示,平板挂车在运输过程中发生失稳时,有三个可能的倾倒支点,相对应有三个稳定角,货物相对于支座的稳定角 φ_2,车辆与货物整体相对于地面的稳

定角 φ_1，以及相对悬架摆臂纵轴的稳定角 φ。

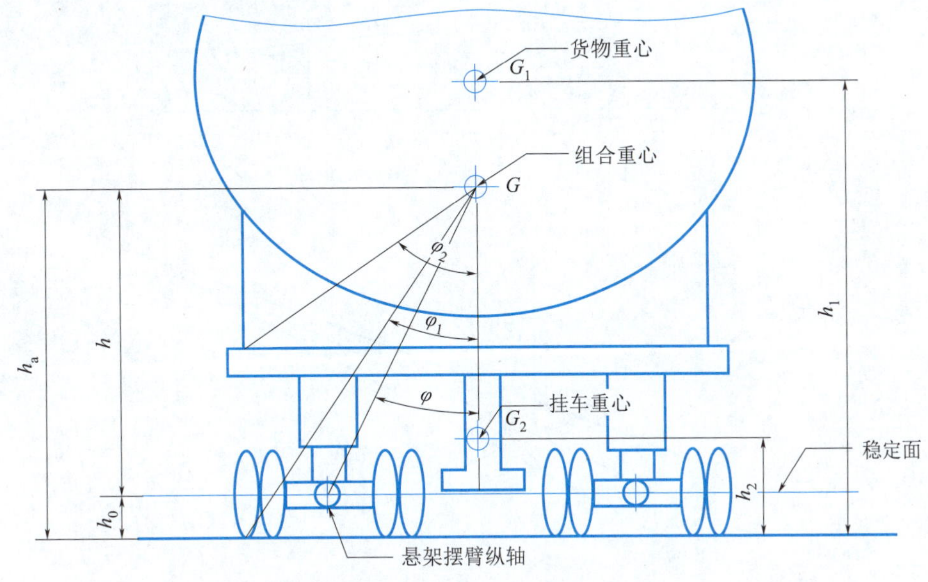

图 1-22　挂车的稳定面

假设货物在运输过程中已经捆扎牢固，则可以忽略货物相对于支座的稳定角 φ_2。比较 φ 与 φ_1 可知，通常情况下 $\varphi<\varphi_1$。所以，挂车整体的稳定面就是 φ 对应的悬架摆臂纵轴所在的水平面。

（2）挂车的重心位置：由于货物在运输过程中已经捆扎牢固，所以稳定性校核中的重心应该是货物和挂车的组合重心，如图 1-22 中的 G，重心高度 h 应该是稳定面至组合重心的距离，则组合重心高度可按式（1-18）和式（1-19）计算。

$$h_a=\frac{m_{货} gh_1+m_{车} gh_2}{m_{总} g} \tag{1-18}$$

$$h=h_a-h_0 \tag{1-19}$$

式中　$m_{货}$，$m_{车}$——货物质量（包括鞍座）、挂车质量；

h_1，h_2——货物、挂车重心离地高度；

h_a——组合重心至地面距离；

h_0——稳定面至地面距离。

通过以上公式以及本次所选车组配车参数，可计算出车组重心位置，即

$$h\approx\left(\frac{182\times4\ 998+56\times525+13.3\times1\ 550}{262}-300\right)\text{mm}\approx3\ 363\ \text{mm}$$

（3）挂车横向稳定角校核：液压平板挂车的液压油路的编点方式为三点支承编点，三纵列挂车难以对称分配左右两点，但要设法接近，本次任务的编点方式如图 1-23 所示。

列车装车后的组合重心近似位于平板挂车纵轴上，静态稳定性参数几何关系图如图 1-24 所示。

由于支承三角形不是等腰三角形，所以稳定线 MF、ME 长度不相等，有两个不同的横向稳

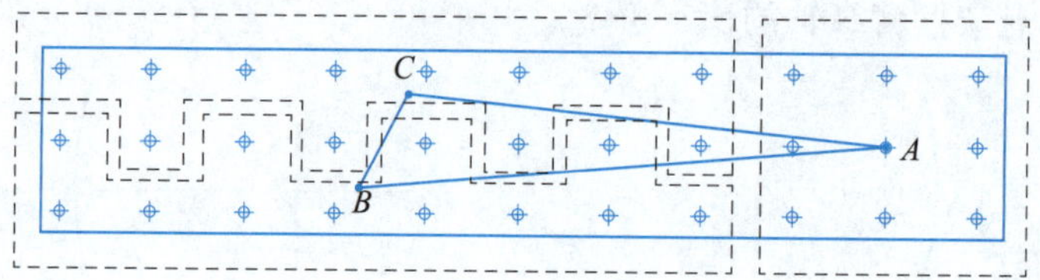

图 1-23　挂车三点支承编点示意图

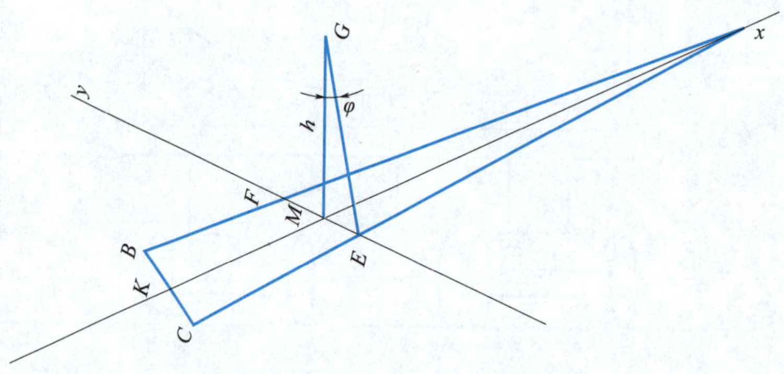

图 1-24　稳定性参数几何关系图

定角，因此需要先分别计算出稳定线 MF、ME 的长度，然后取其较小值计算挂车的横向稳定角。以稳定线 ME 长度为例，稳定线长度可由下式进行求解。

$$ME=\frac{(x_A-x_G)y_C}{x_A-x_C} \tag{1-20}$$

$$\varphi=\arctan\left(\frac{ME}{h}\right) \tag{1-21}$$

式中　x_A，x_C——A、C 两点的 x 坐标；

y_C——C 点的 y 坐标；

x_G——稳定面上重心投影点的 x 坐标；

ME——稳定线长度，mm；

φ——静态稳定角，(°)；

h——车组组合重心到稳定面高度，mm。

根据本次运输项目的车组参数，由式(1-20)可计算出

$$ME=\frac{(x_A-x_G)y_C}{x_A-x_C}=\frac{(6\ 200-0)\times 1\ 000}{6\ 200-(-2\ 825)}\ \text{mm}\approx 686\ \text{mm}$$

$$MF=\frac{(x_A-x_G)y_B}{x_A-x_B}=\frac{(6\ 200-0)\times 1\ 000}{6\ 200-(-1\ 825)}\ \text{mm}\approx 772\ \text{mm}$$

由计算结果可知 $ME<MF$，因此挂车的横向稳定角应该是稳定线 ME 所对应的稳定角 φ，再由式(1-21)可计算出横向稳定角 φ。

$$\varphi=\arctan\left(\frac{686}{3\ 426}\right)=0.\ 197\ 6\ \text{rad}=11.\ 3°$$

上面计算的横向稳定角,是在将车体视作刚体,且假设仅受重力作用时计算出来的稳定角。事实上,在实际运输过程中,由于车辆会受到轮胎变形、侧向风力载荷等作用,通常在道路横坡角还未达到稳定角之前就会发生侧翻,故不能简单地将横向稳定角作为许用道路横坡角进行横向稳定性校核。在实际工程中常用放大的安全系数来涵盖其误差,于是有横坡稳定角校核公式为

$$\varphi \geqslant [\varphi] \tag{1-22}$$

式中　φ——车组横向稳定角,(°);

$[\varphi]$——车组允许横向稳定角,(°)。

在工程中常常利用坡度 i 描述道路的倾斜程度($i=\tan\varphi$),因此也可用坡度进行校核,计算公式为

$$\tan\varphi = \tan[\varphi] \tag{1-23}$$

式中　$\tan\varphi$——车组横向稳定坡度;

$\tan[\varphi]$——车组允许横向稳定坡度。

根据各种地区类型的不同道路,可将稳定性校核所对应的环境和操作难度划分为多个等级,不同的等级对应不同的稳定角,横向稳定性级别与允许稳定角见表 1-10。

表 1-10　横向稳定性级别与允许稳定角

级别代号	级 别 名 称	允许稳定角	
		角度值[φ]/(°)	坡度值 tan[φ]/%
t1	精细横坡校正稳定性极限	6	10
t2	一般横坡校正稳定性极限	8. 3	15
t3	平原道路横向稳定性极限(平原道路最大横坡 6%)	16. 2	29
t4	山区道路横向稳定性极限(山区道路最大横坡 8%)	19. 8	36

各级别分别对应的操作标准为:

t1:必须采用精细横坡校正方法才可以保证稳定性。

t2:采用一般的横坡校正方法即可保证稳定性。

t3:在一般平原地区的公路上进行运输不需要采用横坡校正措施即可保证稳定性。

t4:在一般的山区和丘陵地区的公路上不需要采取横坡校正措施即可保证稳定性。

前面已经计算出车组的横向稳定角为 11. 3°,利用表 1-10 的标准进行校核,即

$$\varphi = 11.3° \geqslant [\varphi] = 8.3°$$

满足 t2 标准,即一般横坡校正稳定性极限,实际操作中要求操作人员随时使用肉眼观察路面状况,当遇到肉眼可见的道路横坡时,须立即调整车组横向水平通过。

2)挂车纵向稳定性校核

当运输车组在纵坡上行驶时,车组重心的铅垂线与稳定面上的交点 N 会沿着纵轴向下坡方向移动,如图 1-25 所示,如果纵坡坡度过大,则挂车可能会在 A 点或者 K 点发生纵向失稳,所以挂车的纵向稳定线应该是 MK、MA。

与横向稳定角的计算类似,当有两个不同长度的稳定线时,应取其中较小值作为稳定线计算纵向稳定角。

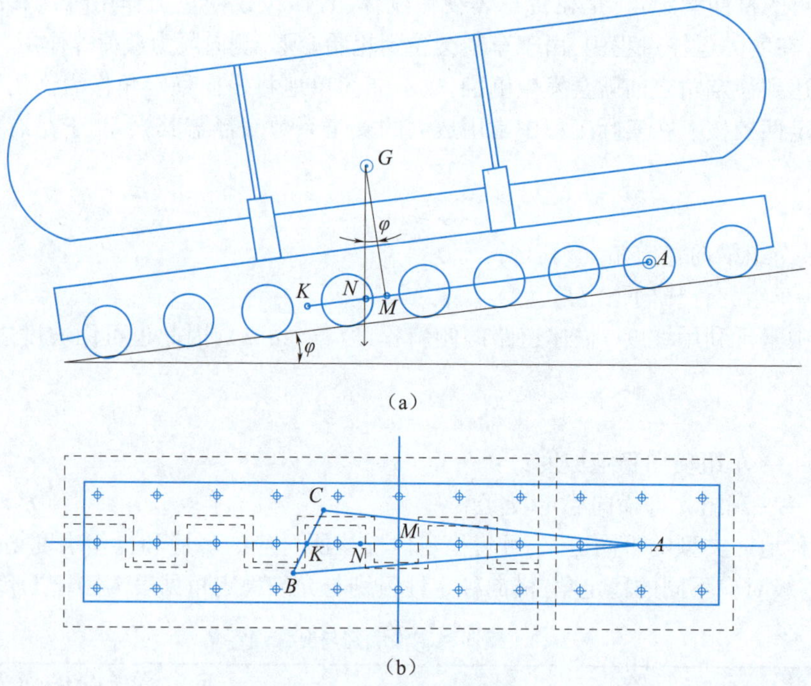

图 1-25　挂车的纵向稳定角

纵向稳定角 φ 计算公式如下：

$$MK = x_G - x_B - \frac{y_B(x_B - x_C)}{y_C - y_B} \tag{1-24}$$

$$\varphi = \arctan\left(\frac{MK}{h}\right) \tag{1-25}$$

式中　MK——稳定线长度。

根据本次运输项目的车组参数，由式(1-24)及式(1-25)可计算出稳定线 MK = 2 325 mm，纵向稳定角 $\varphi = 34°$，坡度 $i = 67\%$，远远大于国家公路技术等级标准，因此不必进行纵向校核。

3)挂车的塌点稳定性校核

挂车为了实现悬架液压回路的编点组合，在车体底部有大量的高压软油管和编点用的截止阀。挂车在运行过程中软油管破裂或截止阀关闭不严，所在的压力回路就会失去支承作用，造成挂车下塌倾斜，称为“塌点”。如果货物重心超高，有可能车货一起倾翻，造成塌点失稳。在运输前，除了检查车辆，防止塌点故障的发生外，还应对塌点能否造成失稳进行计算，以便采取必要的安全措施。

(1)塌点后车体倾斜角：本次运输任务的三点支承编点如图 1-26(a)所示，若车组在运行过程中，C 点出现塌点液压油外泄，则 C 点所在的压力回路就会失去支承作用，将由悬架 D 起机械限位作用，如图 1-26(b)所示，此时，车体将以 AB 两点连线为轴线旋转倾斜，如图 1-26(c)所示。

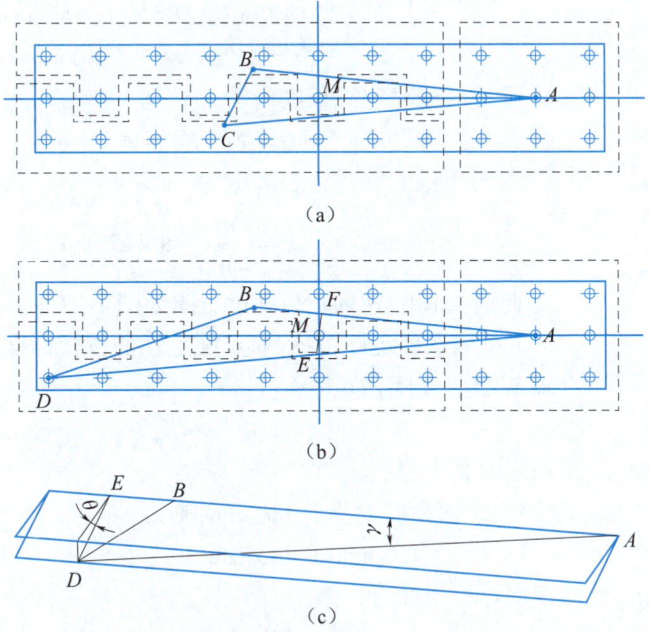

图 1-26　塌点后的支承三角形与车体倾斜角

塌点后支承三角形的各边可按下列各式求出：

$$AB=\sqrt{(x_A-x_B)^2+(y_A-y_B)^2}=8\ 078\ \text{mm}$$

$$BD=\sqrt{(x_B-x_D)^2+(y_B-y_D)^2}=6\ 553\ \text{mm}$$

$$AD=\sqrt{(x_A-x_D)^2+(y_A-y_D)^2}=14\ 065\ \text{mm}$$

AB 和 AD 的夹角 γ 可由下式求出：

$$\gamma=\arccos\left(\frac{AB^2+AD^2-BD^2}{2AB\times AD}\right)=14.37°$$

$$ED=AD\times\sin\gamma=3\ 511\ \text{mm}$$

D 点塌点前后的最大下沉量可由下式求出：

$$HD=d-d_{\min}+s=(1\ 080-755+50)\ \text{mm}=375\ \text{mm}$$

则车体塌点后的最大倾斜角 θ 为

$$\theta=\arcsin\left(\frac{HD}{ED}\right)=6.13°$$

(2)临界重心高度：如图 1-26(b)所示，车体倾斜后车货重心 G 在稳定面的投影 M 点将沿 FE 线($FE\perp AB$)向 E 方向移动，则稳定线 ME 长度可由下式求出：

$$AM=x_A-x_G=6\ 200\ \text{mm}$$

$$BC=1\ 820\ \text{mm}$$

$$\angle BAM=\arctan\left(\frac{b}{2(x_A-x_B)}\right)=6.22°$$

$$AF=AM\cos(\angle BAM)=6\ 163\ \text{mm}$$

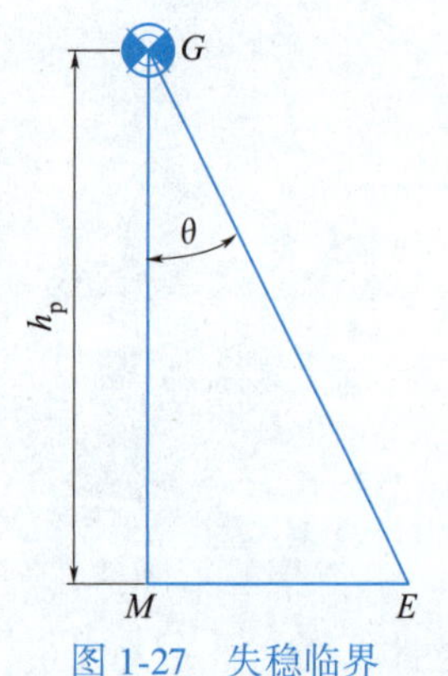

图 1-27 失稳临界重心高度示意图

$$FM=AF\tan(\angle BAM)=671\ \text{mm}$$

$$FE=AF\tan\gamma=1\ 578\ \text{mm}$$

则此时的稳定线长度为

$$ME=FE-FM=907\ \text{mm}$$

车辆失稳的临界重心高度为

$$h_p=\frac{ME}{\tan\theta}=8\ 445\ \text{mm}$$

此时失稳临界重心高度示意图如图 1-27 所示。

(3)塌点稳定性校核:塌点稳定性的校核标准是车货重心高度小于临界重心高度,即

$$h<h_p \tag{1-26}$$

式中 h——车货重心距离稳定面高度。

由上文已知车货重心距离稳定面高度 h 为 3 426 mm,则

$$3\ 426\ \text{mm}<8\ 445\ \text{mm}$$

由校核结果得出,此挂车塌点稳定性有保障。

6. 货物的绑扎加固校核

运输过程中,在遇到加减速、转弯、摇摆、颠簸和倾斜等工况时,经常会出现大件货物在平板车上的滑移和倾倒,或者支墩倾倒等问题。为避免发生上述状况,使货物保持在原来装载位置、和车体不发生任何形式的相对位移,应该对装载后的货物与挂车进行绑扎系统的计算分析,以选择合理的绑扎加固方式。

在挂车运行过程中,在 xyz 三个方向上都有作用力使货物在挂车上有失效的趋势:

x 方向(挂车纵向):挂车紧急制动造成的货物惯性力 F_j、挂车起动加速度造成的货物惯性力 F_u、道路纵坡造成的货物重力沿纵坡向下方向的分力 F_{gx}、挂车在行驶过程中受到的风载荷的作用力 F_{wx} 以及货物纵向摇摆产生的惯性力矩 M_x。

y 方向(挂车横向):车体横向倾斜造成的货物重力沿横坡向下的分力 F_{gy}、挂车转向时产生的离心力 F_R、货物侧面受到的风载荷的作用力 F_{wy} 以及货物纵向摇摆时产生的惯性力矩 M_y。

在实际运输过程中,由于运输车组行驶速度很低,迎风阻力 F_{wx}、转弯时的离心力 F_R、横向摇摆产生的惯性力矩 M_y 都很小,在校核中可以忽略不计;加速惯性力 F_u 通常小于制动惯性力 F_j,也可忽略不计;侧风力 F_{wy} 通常小于车体倾斜状态下重力的下滑力,也可忽略不计。因此可能使货物纵向失效的力主要为制动惯性力 F_j 和货物重力沿纵坡向下方向的分力 F_{gx};可能使货物横向失效的力主要是货物重力沿横坡向下的分力 F_{gy}。

(1)防货物纵向滑动绑扎的计算与校核

大件运输车组一般情况下的运行速度为 5 km/h(1.38 m/s),车组紧急制动要求在 2 s 内停下,即制动加速度 $a=\frac{1.38}{2}\ \text{m/s}^2=0.69\ \text{m/s}^2$,则货物受到的制动惯性力 F_j 可由牛顿第二定理计算,即

$$F_j=ma=182\times1\ 000\times0.69\ \text{N}=125\ 580\ \text{N}$$

除了制动惯性力,货物在纵向上还会受到货物重力沿纵坡向下方向的分力 F_{gx}。

沿线公路的最大纵坡度均小于 8%,则

$$F_{gx}=mg\sin\alpha=182\times1\,000\times9.8\times0.08\ \text{N}=142\,688\ \text{N}$$

式中　α——纵坡角度。

货物与车体之间的摩擦力为

$$F_{\mu}=mg\mu=182\times1\,000\times9.8\times0.8\ \text{N}=1\,426\,880\ \text{N}$$

式中　μ——货物与车体之间的动摩擦因数,取值见表 1-11。

扫一扫

表 1-11　不同材料之间的动摩擦因数

由表 1-11 可看出,在纵向上,无论是货物重力沿纵坡向下的分力 F_{gx} 还是制动惯性力 F_j 都远远小于货物与车体之间的摩擦力,因此在纵向上不需要绑扎也可避免货物的纵向滑动。

(2)防货物纵向倾倒绑扎的计算与校核

货物在纵向作用力 F_j 的作用下,将产生绕最前支点的倾倒力矩 F_jh(力臂 h 的值等于重心至平板车上表面的垂直距离),货物重力 mg 产生纵向阻力矩 mgl(此方案中力臂 l 的值等于四倍轴距),当 $mF_jh>mgl$ 时,货物就要绕最前支点发生倾倒,就需绑扎索具去防止倾倒的发生。为了安全起见,绑扎系统的绑扎力和重力产生的阻力矩应不小于倾倒力矩的 130%,所以在计算校核的时候至少需提供使倾倒力矩增加 1.3 倍的防倾倒安全系数。

纵向倾倒力矩为

$$M_{纵倾}=1.3F_jh=1.3\times125\,580\times2\,871\ \text{N}\cdot\text{mm}=468\ \text{kN}\cdot\text{m}$$

纵向阻力矩为

$$M_{纵阻}=mgl=182\times1\,000\times9.8\times6\,200\ \text{N}\cdot\text{mm}=11\,058\ \text{kN}\cdot\text{m}$$

比较计算结果可知 $M_{纵阻}\geqslant M_{纵倾}$,纵向阻力矩远大于纵向倾倒力矩,所以运输时无须绑扎,设备也不会发生纵向倾倒。

(3)防货物横向滑动绑扎的计算与校核

由于车辆在转弯时,车速一般控制在 2 km/h 以内,最大转弯速度 $v_{弯}=2\ \text{km/h}=0.556\ \text{m/s}$,挂车行驶最小转弯半径 $R_{min}=14.4\ \text{m}$,则最大离心加速度为

$$a_{弯}=\frac{v_{弯}^2}{R_{min}}=\frac{0.556^2}{14.4}\ \text{m/s}^2=0.02\ \text{m/s}^2$$

货物在车辆转弯时所受到的横向作用力,即离心力为

$$F_y=m_{货}a_y=F_{弯}=m_{货}a_{弯}=182\times1\,000\times0.02\ \text{N}=3\,540\ \text{N}$$

货物与车体之间由重力作用而产生的摩擦力为

$$F_{\mu}=m_{货}g\mu=1\,426\,880\ \text{N}$$

比较计算结果可知 $F_{\mu}\gg F_y$,摩擦力远大于离心力,所以运输时无须绑扎,设备也不会发生横向滑动。

(4)防货物横向倾倒绑扎的计算与校核

货物在横向作用力 F_y 的作用下,倾倒支点为支墩与车架接触的最外点,则倾倒力矩 F_yh,力臂 h 的长度等于重心至平板车上表面的垂直距离,货物重力 $m_{货}g$ 产生横向阻力矩 $m_{货}gs$,力臂 s 长度等于平板车宽度的一半,当 $F_yh>m_{货}gs$ 时,货物绕接触最外点发生倾倒,就需绑扎索具防止倾倒发生。

横向倾倒力矩为

$$F_{横倾}=1.3F_y h=1.3\times m_{货}\ a_y h=1.3\times3\ 540\times2\ 871\ \text{N}\cdot\text{mm}=13.2\ \text{kN}\cdot\text{m}$$

横向阻力矩为

$$F_{横阻}=m_{货}\ gs=182\times1\ 000\times9.8\times2\ 250\ \text{N}\cdot\text{mm}=4\ 013\ \text{kN}\cdot\text{m}$$

比较计算结果可知,$M_{横阻}\geqslant M_{横倾}$,横向阻力矩远大于横向倾倒力矩,所以运输时无须绑扎,设备也不会发生横向倾倒。

7. 大件运输线路

1)影响大件运输线路选择的因素

运输路线的选择是公路大件运输方案设计中的重要工作。由于公路大件货物的特殊性,影响路线选择的因素主要有经济性因素、时效性因素、技术性因素和安全性因素。

(1)技术性因素。大件运输车组相比一般运输车辆更重,并且具有外形尺寸较长、较宽、较高的特点,因此大件运输车组在运输过程中会受到道路障碍的限制,无法继续进行运输任务。主要的障碍有:①路面障碍,包括弯道、坡道及桥梁涵洞;②净空障碍,包括隧道、交通信号灯、收费站、交通指示牌、电线等;③行政管理障碍,在货物起运之前应事先了解当地交通管理部门指定的公路运输法律法规,并按照规定进行路线选择。

(2)安全性因素。保证大件货物的安全是大件货物运输任务的重中之重。在路线选择时必须充分考虑货物的安全问题,同时也要兼顾人、车、路的安全。

(3)经济性因素。由于大件运输行业的特殊性导致其运输费用较高,运输费用是影响运输路线选择的一个重要因素,主要包括员工工资、燃油费、车辆设备折旧费、技术费用、协调费、道路补偿费及其他相关费用。

(4)时效性因素。大件货物一般是大型工程项目的重要设备,客户对工期有较严格的要求,因此时效性因素是路线选择中的重要因素。通常情况下,不同的路线会有不同的运输时间。在选择路线时需要满足客户的要求,考虑时效性因素,大件货物公路运输的时间一般包括车辆行驶时间、排障滞留时间、站点停留时间、设备修整时间及货物装卸时间等。

2)路线选择

根据本次运输项目的实际情况,选择运输路线为:乐山大件码头—青衣路—长青路—鹤翔路—三苏路—瑞祥路—嘉瑞大道—S305—S103—三洞镇—思蒙镇—眉山市—彭山区—新津—G108(新大件路)—新都(与老大件路交接处)—三河场立交—川陕立交—中环路—金府路—黄金路—武青路—成飞大道—成飞2号门,全程约270 km,如图1-28所示。

扫一扫

表1-12 运输线路主要障碍及处理方法信息表

3)路勘排障

在确定了运输路线之后,就要对该路线的实地道路状况进行勘测,将道路上的主要障碍整理汇总,提出解决方法,本次运输路线的主要障碍及处理方法见表1-12。

路勘总结:

由于车货总高度达到7.5 m,途中的指示牌、灯杆、电子眼、线缆大部分都要拆除,协调难度和工作强度非常大,其中,有几处障碍处置非常困难:

(1)眉山穿城,经过眉山时,需要从城区走并全城封路,拆除道路中间的隔离护栏及部分红绿灯、指示牌。

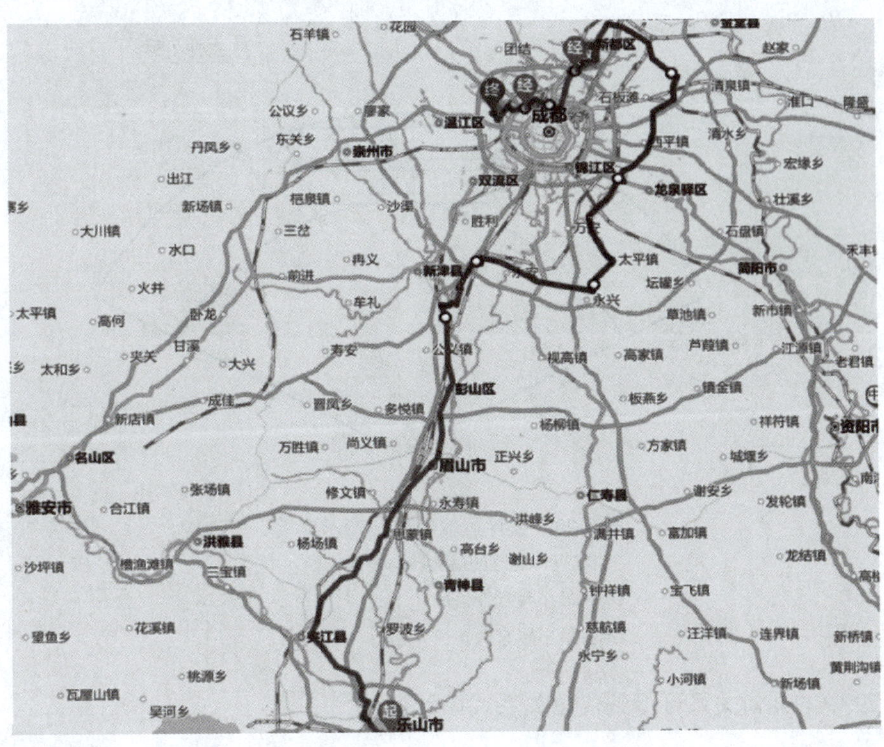

图 1-28　大件运输线路图

(2)夹江县有一座人行天桥高度只有 5 m,需要顶升桥梁,并且自备电力。

(3)三河场立交桥处绕城只有 5 m 高,需要从匝道逆行上绕城高速,然后在绕城高速上将护栏拆开,横跨绕城,从对面匝道下高速。

(4)金府路至黄金路,需要从三环内侧跨至三环外侧,但由于三环的桥梁均不满足条件,上跨桥无法达到承载要求,下穿桥高度不够,所以应计划垂直三环改造一条道路。

(5)武青路上有一座铁路上跨桥,必须经过桥梁验算方可通行。

(6)由于设备太高,途中多处均有高压线,运输时必须加盖绝缘篷布。同时,武青桥上方有一处高压线跨度较长,高度较低,此处必须进行停电,高压线停电涉及多个部门,协调难度非常大。

8. 车组通过性计算

在进行公路大件运输路线的选择时,车组的通过性是不可忽视的因素。由于大件运输车组有着超长、超宽、超高的特点,因此对道路的等级、道路的宽度、道路的承载能力、桥涵、收费站的承载能力和通过界限等都有着要求(如需要更高承载能力的桥梁、更大的弯道半径等),需要对选择的路线进行通过性分析。

1)公路弯道通过能力计算

大件运输车组在弯道处的通过性主要由以下两个方面进行计算:

(1)大件运输车组的最小转弯外半径 R_w 必须小于弯道外半径 R_o,即 $R_w<R_o$。

(2)大件运输车组的最小转弯内半径 R_n 必须小于弯道内半径 R_i,即 $R_n<R_i$。

大件运输车组的最小转弯半径可根据其通过弯道时的几何关系计算得到,转弯示意图如图 1-29 所示。

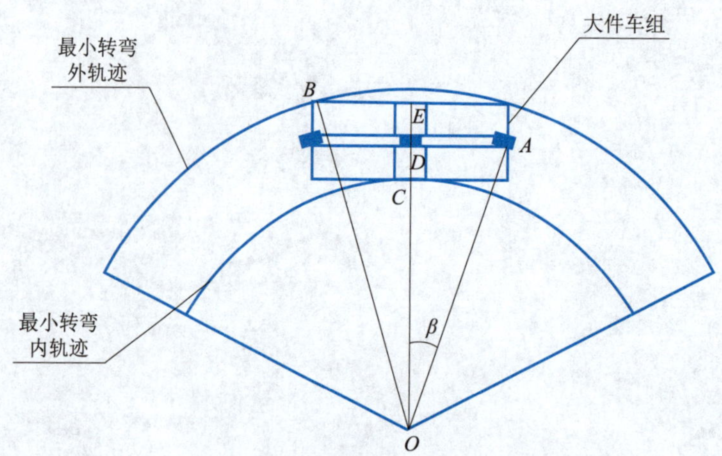

图 1-29　大件运输车组转弯示意图

β—车组转弯时的最大转向角度,(°);

OB—最小转弯外半径 R_w,m;

OC—最小转弯内半径 R_n,m。

根据图 1-29 中的几何关系可得到代数关系式如下:

$$\left.\begin{aligned} OC &= \frac{AD}{\tan\beta} - DC \\ OB &= \sqrt{BE^2 + (OC + CE)^2} \end{aligned}\right\} \tag{1-27}$$

式中,AD 与 BE 为装货后车组长度的一半,CE 为装货后车组宽度,CD 为装货后宽度的一半,则可知车组最小转弯内半径公式为

$$R_n = \frac{\frac{L}{2}}{\tan\beta} - \frac{B}{2} \tag{1-28}$$

最小转弯外半径计算公式为

$$R_w = \sqrt{\frac{L^2}{2} + \left(\frac{\frac{L}{2}}{\tan\beta} + \frac{B}{2}\right)^2} \tag{1-29}$$

式中　β——平板挂车最大转向角,(°);

L——装货后车组长度,mm;

B——装货后车组宽度,mm。

由本次运输方案中的数据可知,车组长度 $L = 20\ 100$ mm、宽度 $B = 6\ 650$ mm、最大转向角 $\beta = 55°$。计算可知最小转弯内半径为

$$R_n = \frac{\frac{L}{2}}{\tan\beta} - \frac{B}{2} = \left(\frac{\frac{20\ 100}{2}}{\tan 55°} - \frac{6\ 650}{2}\right)\text{mm} = 3\ 753\ \text{mm}$$

最小转弯外半径为

$$R_w=\sqrt{\frac{20\ 100^2}{2}+\left(\frac{\frac{20\ 100}{2}}{\tan 55^\circ}+\frac{6\ 650}{2}\right)^2}\ \text{mm}=14\ 430\ \text{mm}$$

以上数值均为车组在极限情况下计算得出,绘制成车组转弯尺寸示意图如图 1-30 所示,车组运行转弯模拟图如图 1-31 所示。

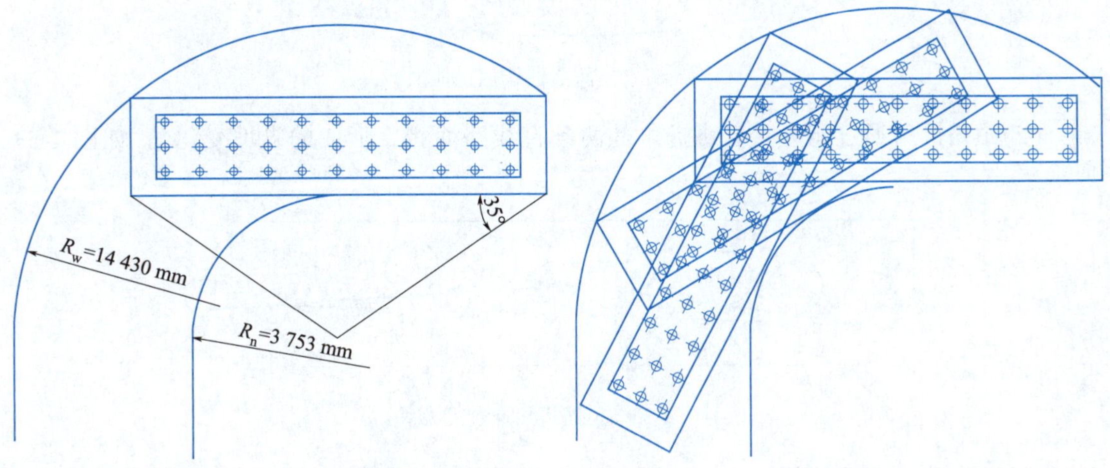

图 1-30　车组转弯尺寸示意图　　图 1-31　车组运行转弯模拟示意图

根据路勘结果,所选路线上弯道半径均大于车组最小转弯外半径 $R_w=14.43$ m,由此可知弯道通过性校核通过,车组能通过所选择路线上的弯道,具体转弯操作需要结合现场实际情况实际分析。

2)道路纵向通过能力分析

液压平板挂车的车轮悬架升降幅度有一定的限制,平板挂车的通过性可能会受到道路竖曲线曲率的影响,所以需要对平板挂车的纵向通过能力进行分析校核,确保安全通行。校核内容包括:竖曲线通过能力、道路折角通过能力以及道路纵向不平通过能力。

(1)竖曲线通过能力。如图 1-32 所示,已知挂车主纵轴为一直线,则挂车可以通过的竖曲线半径允许值 R_p 的计算公式为

$$R_p=\frac{L^2+4h_p^2}{8h_p} \tag{1-30}$$

式中　L——挂车第一轴至最后一轴的距离,mm;

h_p——挂车悬架的安全伸缩量,mm,$h_p=h-2c$,其中,h 为悬架极限伸缩量,mm,c 为悬架伸缩时的安全距离,mm。

在实际情况中,挂车装载货物后常有一定的形变,则挂车在装货后可通过的竖曲线半径允许值的计算公式为

$$R_p=\frac{L^2+4(h_p-f)^2}{8(h_p-f)} \tag{1-31}$$

式中　f——主纵梁中部在承载状态下相对于两端的形变量,mm。

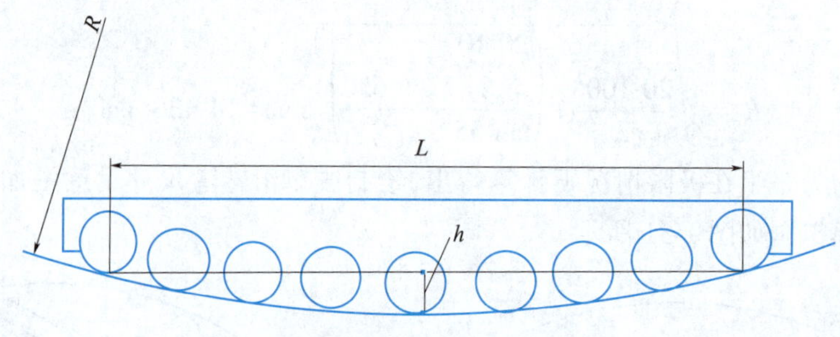

图 1-32　道路竖曲线通过能力

(2)道路折角通过能力。道路折角是两条直线路面相交形成的纵坡变化角,如图 1-33 所示。

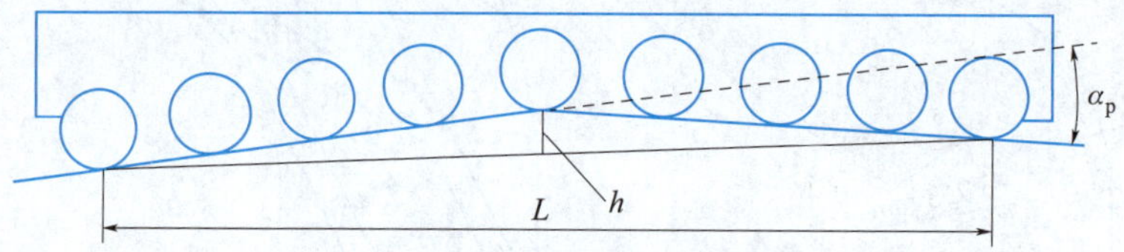

图 1-33　道路折角通过能力

已知挂车装货后主纵梁为直线,则平板挂车可以通过的道路折角允许值 α_p 的计算公式为

$$\alpha_p = 2\arctan\left(\frac{2h_p}{L}\right) \tag{1-32}$$

在实际情况中,挂车装载货物后常有一定的形变,则挂车在装货后可通过的道路折角允许值的计算公式为

$$\alpha_p = 2\arctan\left(\frac{2h_p - f}{L}\right) \tag{1-33}$$

(3)道路纵向不平通过能力。对于曲率不断变化的道路路面,用简单的参数难以校核其通过能力,一般采用控制车长范围内道路路面平面度的方法,即在道路的车长范围内,道路路面的平面度应小于挂车悬架的允许伸缩量 h_p,计算公式为

$$h_p = h - 2c - f \tag{1-34}$$

交通行业工程标准《公路工程技术标准》(JTG B01—2014)中规定,竖曲线最小半径和最小长度见表 1-13。

表 1-13　竖曲线最小半径和最小长度

设计速度/(km/h)	120	100	80	60	40	30	20
凸形竖曲线最小半径/m	11 000	6 500	3 000	1 400	450	250	100
凹形竖曲线最小半径/m	4 000	3 000	2 000	1 000	450	250	100
竖曲线最小长度/m	100	85	70	50	35	25	20

从表 1-13 可以看出,车组的竖曲线半径允许值远小于规定中的标准,再由实际路勘结果可知路面并无明显折角。因此车组道路纵向通过性校核通过。

9. 应急处理措施

大件运输作业过程必须严格遵守相关的安全技术操作规程、管理标准与工作标准，并由专业的安全人员负责监督，任何人任何时间一旦发现运输作业中的安全隐患，都必须立即向作业指挥员报告并及时制订处理措施，保证运输设备的万无一失。

1）运输过程中可能出现的紧急情况

（1）计划的运输路线上临时出现道路施工。

（2）运输车辆在运输过程中发生交通事故。

（3）设备运输过程中遇到恶劣天气（大风、暴雨等）。

（4）设备在运输过程中发生意外状况（如操作失误、路面颠簸）引起的绑扎不牢固。

（5）运输车辆发生故障。

（6）在运输过程中出现不可抗力灾害（如地震、山体滑坡等）。

2）安全措施及紧急情况处理方法

（1）设备起运之前，应对计划路线进行仔细勘察，与当地公路管理部门保持密切的联系，以便掌握及时、准确、详细的路线信息，保证排障后的道路状况符合运输要求。起运前一周，项目指挥组应组织派遣相关安全技术人员对运输设备进行仔细检查，以便及时发现问题。在运输过程中，每个岗位的工作人员各司其职，服从项目指挥组的统一指挥安排，严格按照操作规范进行作业。做好运输过程中各个环节的详细记录，以保证工作过程可追溯。

（2）在运输过程中若遇到交通堵塞等情况，应服从当地交通管理部门的指挥安排，确保运输路线畅通，防止交通堵塞引起其他不必要的损失。

（3）运输前应做好超长、超宽的警示标志。若在运输过程中发生了交通事故，应立即停运并保护事故现场，积极配合相关交通管理部门的调查处理，将具体事故情况报告项目指挥组，等待下一步指示安排。若在事故中发现设备有损坏的情况，应与保险公司联系，带领保险公司专业人员现场勘察后与保险公司商议索赔事宜。

（4）运输过程中应随时检查绑扎绳索的预紧力，若发现绳索因意外情况（如路面颠簸、司机操作失误等）发生松动，应将车辆缓慢地行驶到车辆较少的安全地区，停好车辆，并在四周放置警示标志，将具体情况报告指挥组，派遣相关技术人员对货物重新进行绑扎加固。

（5）在运输过程中应严格按照《大型车辆操作规范》工作，车辆必须由相关专业人员操作，尽量避免受到震动和冲击，保持车辆平稳运行。运输车辆最高时速不得超过 5 km/h。在通过桥梁时，应服从相关桥管部门的指挥安排，沿桥梁中心线行驶，在通过桥梁时严禁变速、换挡和刹车，车辆通过桥梁时最高时速不得超过 3 km/h。若在运输过程中车辆发生故障，应立即停车并联系指挥组，派遣相关专业技术人员检修，若车辆故障难以排除，无法维修，指挥组应立即调配相同型号运输车辆进行替换，继续运输工作，确保任务能按时完成。

（6）若在运输过程中发生自然灾害（如地震、山体滑坡等），应将运输设备运至安全区域并妥善保管，待灾害消除后，在确保工作人员及运输设备安全的前提下继续执行运输任务。

1.2 热压罐公路大件运输安全分析案例教学指导

1.2.1 教学目标

大件运输作为运输系统的一个专类,对重工业的发展起到后勤保障作用。作为不可拆解的大型物件,热压罐运输需要选择合适的运输车组,确定合理的运输路线,其安全性是公路大件运输方案制定与实施的决定性因素,须从牵引能力、挂车轴载、捆绑加固、车组稳定性、弯道通过能力分析等多方面进行分析。

本案例结合公路大件运输的实际情况,介绍了热压罐公路大件运输安全分析的内容。教师可通过该大件运输案例分析,简要介绍大件运输方案设计需要注意的相关问题,引导学生学习和掌握大件运输相关基础理论和方法。

1.2.2 分析思路

教案分析思路如图 1-34 所示。

1.2.3 课堂设计

扫一扫

图 1-34 教案分析思路图

1. 课时分配

共 3 个课时(45 min 为 1 个课时):

(1)教师案例讲解:60 min。

(2)学生小组讨论:30 min。

(3)课堂小组代表发言并进一步讨论:30 min。

(4)教师课堂讨论总结:15 min。

2. 讨论方法

(1)学生自行准备。在正式开始案例教学前 1~2 周,将案例材料发放给学生,让学生有充分的时间阅读案例材料、查阅相关材料、搜集必要信息并积极思考,初步形成关于案例问题的解决思路。

(2)小组内部讨论。在课堂上将学生划分为 3~6 人的小组,小组以自定的方式进行组织讨论,教师可不进行干涉。

(3)小组集中讨论。每个小组派出自己的代表,发表本小组对案例的分析和意见,发言完毕后接受其他小组成员的提问并做出解释,本小组成员可补充回答问题。

1.2.4 要点汇总

关键知识点为车组通过性计算知识点、货物的绑扎加固校核知识点、车辆运输稳定性校核知识点、牵引车的选择与牵引力校核知识点。

思考题

1. 如何进行牵引车可靠性分析?

2. 运输车辆动态稳定性分析方法有哪些？
3. 如何分析判断大件运输车组的通过性？
4. 大件运输线路选择的基本方法和步骤是什么？
5. 大件运输路线现场探勘的主要方法和要点有哪些？

参考文献

[1] 中华人民共和国交通部. 道路大型物件运输管理办法[Z]. 1996.

[2] 中华人民共和国交通运输部. 超限运输车辆行驶公路管理规定[Z]. 2016.

[3] 李志鸿. 公路大件运输车辆选择研究[D]. 成都：西华大学，2013.

[4] 罗建. 公路大件运输线路选择方案及模型研究[J]. 西华大学学报(自然科学版)，2013，32(4)：71-76.

[5] 侯栋梁. 大件货物运输方案制定研究[D]. 成都：西南交通大学，2007.

[6] 乔国会，张东杰，聂钦中，等. 大件货物公路运输线路选择方法研究[J]. 技术与方法，2010，29(7)：55-57.

[7] 刘仁文. 公路大件货物运输阶段的安全问题研究[D]. 成都：西南交通大学，2011.

[8] 杨卓林. 国外大件运输概况及展望[J]. 专用汽车，2015，11(5)：72-74.

[9] LAMIRAUX F. LAUMOND J P，VAN G C，et al. Trailer-truck trajectory optimization for Airbus A380 component transportation[J]. IEEE Robotics and Automation，2005，12(1)：14-21.

[10] 曾传华，林兰刚. 公路大件运输基础[M]. 北京：中国铁道出版社，2014.

[11] 焦岗耀. 挂车的选型与设计[J]. 重型汽车，2007，12(6)：78-84.

[12] 刁立福. 汽车运用工程[M]. 北京：中国水利水电出版社，2015.

[13] 肖建英. 公路大件运输技术[M]. 北京：人民交通出版社，2015.

[14] 杨卓林. 国外大件运输概况及展望[J]. 专用汽车，2015，11(6)：90-94.

[15] 汪开喜. 贵州省阿志河大桥支座损伤研究[J]. 北方交通，2015，12(6)：90-93.

[16] 余海洋. 重庆市高速公路常规桥梁大件运输分析方法与控制标准研究[D]. 重庆：重庆交通大学，2014.

[17] 刘凯胜，康纪黎. 窑坡山风电工程大件运输技术探讨[J]. 湖南水利水电，2017(1)：90-93.

[18] 刘静，李兴举，黄细洋. 大件公路运输桥式车组技术方案设计：以 500 千伏三堡变电站主变压器运输为例[J]. 物流技术，2013，32(11)：90-92.

第2章　交通事故车辆安全技术鉴定

道路交通事故鉴定是交通安全研究的新领域，交通事故车辆安全技术鉴定是交通事故鉴定的组成部分。车辆是构成交通事故的主要要素，其安全技术状况与事故之间存在一定的因果关系。交通事故车辆安全技术检验鉴定为交通事故处理或诉讼提供客观、公正、科学的鉴定结论。随着我国民主法制建设的稳步推进，法律法规不断完善，人民法律意识不断增强，社会对道路交通事故专业鉴定的需求在不断增大。但是，目前某些交通事故鉴定内容还没有被纳入我国司法鉴定的范围内，同时也缺乏相关的鉴定技术标准。面对巨大的社会需求，各地方、各部门积极开展探索道路交通事故技术鉴定的工作，也制定了相应的技术指南和行业标准，如《典型交通事故形态车辆行驶速度技术鉴定》《交通事故受伤人员伤残评定》《交通事故痕迹物证勘验》《交通事故车辆安全技术检验鉴定》等。但系统的道路交通事故技术鉴定刚刚起步，国内尚缺乏对这方面的科研投入和资金支持。而且，采用的技术和手段尚不完善，在技术上还存在很多“真空地带”或不成熟的理论及方法，还有待进一步深入研究。

2.1　交通事故车辆安全技术鉴定案例

2.1.1　案例背景

随着我国经济的高速发展，汽车保有量大幅度增加，交通事故数量也一直居高不下。大量的交通事故一方面带来了巨大的财产损失，另一方面，交通事故是否得到公正、客观、科学的处理已经成为社会关注的焦点。为此，2003年10月28日，第十届全国人大常委会第五次会议审议通过了《中华人民共和国道路交通安全法》（以下简称《道路交通安全法》）。这是我国第一部全面规范道路交通活动参与人权利义务关系的基本法律，同时也为事故鉴定提供了法律上的说明和保障。

交通系统是由人、车、路、环境构成的动态系统，交通事故是系统运行结果的一种外在表现（见图2-1），系统本身的特点决定了交通事故的复杂性和多样性，涉及多学科的知识。针对交通事故的这一特点，《道路交通安全法》也做出规定，要求对专业性较强的检验，公安机关交通管理部门应当委托专门机构进行鉴定；公安机关交通管理部门应当根据交通事故现场勘验、检查、调查情况和有关检验、鉴定结论，及时制作交通事故认定书，作为交通事故处理依据。

扫一扫

图2-1　道路交通事故与影响因素的关系

《道路交通安全法》颁布实施后，交通事故处理模式也发生了一些新的变化。首先，将交通事故定义为：车辆在道路上因过失或者意外造成人身伤亡或财产损失的事件。该定义扩大了交通事故的范围，将造成交通事故的原因由过失扩大到包括意外。其次，对交管部门的法定职责进行了新的规定，增加了对交通事故成因分析的工作内容。成因分析的原则是充分发挥科学技术的作用，正确引用有关的法律、法规，根据客观事实对事故成因进行综合分析。法规的引入也要求道路交通事故处理的方式、方法进行改革和创新。

道路交通事故鉴定是交通事故调查的重要组成部分,是针对因道路交通事故而产生的一系列专业问题的技术鉴定,利用各学科的专业知识和技术,为交通事故处理及民事赔偿提供准确、客观、科学的判断依据。根据事故发生的不同阶段,可以将目前的鉴定需求分为:事发前的事故原因分析,事发过程中的碰撞形态及运动过程分析,以及对事后的后果进行核实和评定。

事故成因分析的目的是探寻交通系统各要素与事故之间的因果关系,以及在交通事故中的作用。其结果可以为确定事故性质、事故认定、责任划分、安全教育、安全改善提供依据。目前主要鉴定内容有:驾驶人血液中酒精含量检验、车辆技术状况与事故关系鉴定、事故车辆起火原因分析等。

事故再现的目的是对事故发生时的碰撞形态、交通参与者的交通行为方式及碰撞过程中各参与要素的运动过程进行描述。事故再现的结果可以辅助完成事故成因、致死(伤)方式分析,也可以为事故认定、责任划分提供技术依据。目前主要鉴定内容有:事故当事人交通行为方式鉴定、碰撞痕迹鉴定、碰撞位置鉴定、碰撞速度鉴定、当事人致死(伤)方式鉴定、事故车辆运动过程分析等。

事后核查及评定是通过对事故受伤人员轻重伤鉴定、伤残等级评定和车物损失进行评估,为交通事故肇事人量刑、受害人民事赔偿提供依据。目前主要鉴定内容有:事故受伤人员伤势鉴定、事故当事人伤残等级评定、事故物损评估等。

2.1.2　案例内容

道路交通系统工程是多学科支撑的交叉性边缘学科,这决定了交通事故的复杂性和多样性。同样,道路交通事故鉴定工作也需要多学科的背景知识和检测技术,目前交通事故鉴定工作正处于起步阶段,还没有形成一整套成熟技术体系和标准,已开展的部分交通事故鉴定大多数是以痕迹物证学、法医学等成熟的鉴定理论和技术为参照,结合交通工程、汽车工程、车辆检测技术、力学、运动学等专业知识,针对交通事故处理的需求进行探索性的技术鉴定。根据现有的成熟鉴定技术,大致可以将道路交通事故的技术鉴定内容分为以下四类。

1)交通事故痕迹

指由于当事方的行为活动所引起的交通事故现场一切物质形态的变化。在交通事故中,发生过接触的车与车之间、车与道路设施之间或车与人体之间都存在着相互作用,并会在接触面上形成特定表现形式的痕迹。具体表现为结构变形(凹陷、弯折、扭曲、断裂)、刮擦、整体分离和表面物质交换。

2)交通事故物证

指交通事故处理人员依法收集、获取的能够证明交通事故真实情况的物质、物品和痕迹,交通事故痕迹物证鉴定技术是物证鉴定技术学的一个分支。传统的物证技术主要是针对刑事物证检验的内容,其中包括手印、足迹、工具和枪弹痕迹,很少涉及交通事故的车辆轮胎痕迹、车体、人体和路面痕迹,另外车辆在碰撞运动中形成动态痕迹特征,在一般物证检验中也是一个空白,而这些事故痕迹往往能够说明车辆的运动速度、方向、接触点等,从而起到描述事故形态的证据作用。因此,交通事故物证鉴定技术不同于一般的物证技术,有其特定的研究内容和研究对象,同时它又是物证技术学的一个应用分支,可以利用物证技术学的基本理论和方法指导交通事故物证鉴定技术的整体研究。

3)交通事故痕迹物证

同其他物证一样,来源广泛、种类繁多。按照痕迹存在的载体不同,交通事故痕迹可分为人体体表痕迹、衣着痕迹、车体痕迹、路面痕迹、固定物痕迹、附着物、散落物等。通过交通事故痕迹检验与鉴定可以解决以下问题:

扫一扫

图2-2 交通事故现场痕迹勘察

扫一扫

图2-3 失火车车内痕迹勘察

(1)通过痕迹检验,确认肇事车辆之间、车辆与人体、车辆与路侧设施的接触部位,为事故形态鉴定提供依据。图2-2和图2-3所示为交通事故痕迹勘察。

(2)通过对事故涉嫌车辆、人员及指认现场的痕迹进行勘验,确定是否构成车辆、人体、道路设施间的接触和是否存在其他肇事车辆。

(3)路权是目前交警部门进行责任判定的一个重要标准,通过对事故现场的地面痕迹和散落物等痕迹物证可以推断或计算出碰撞的空间位置,为事故处理提供依据。

(4)针对交通逃逸案件,可通过事故现场勘察和涉嫌肇事车辆痕迹检验,为侦破逃逸事故和鉴别肇事车辆提供依据。

(5)对涉嫌利用伪造交通事故现场,骗取保险的案件,可通过事故现场勘察和肇事车辆痕迹检验,可以对事故的真实性进行鉴定。

4)交通事故的法医学鉴定

这是应用法医学的理论和技术解决交通事故中有关人员伤亡的检验和鉴定的科学。交通事故中人员伤亡,必须由法医对死者或伤者进行检验、鉴定,为事故性质的认定、现场再现、民事赔偿、肇事者量刑提供客观和科学的证明。根据事故处理工作的需要和司法诉讼的要求,交通事故的法医学检验和鉴定主要包括以下内容:

(1)法医病理鉴定。鉴定项目主要包括:体表检验、尸体解剖检验、组织学检验、致伤方式(撞击、碾压、摔跌、拖擦)及死因鉴定。

(2)法医临床鉴定。鉴定项目主要包括:轻重伤鉴定、伤残等级评定、三期鉴定。

(3)法医物证检验。鉴定项目主要解决个体识别,如确定交通肇事逃逸车辆以及事故时乘员位置。

(4)法医毒化检验。鉴定项目主要是血液中酒精含量检测,及对涉案人员是否服用国家管制的精神类药品或麻醉药品进行鉴定。

目前,针对交通事故的法医类鉴定可以解决以下问题:

(1)为确定案件性质提供依据。发生在道路上的事件大多属于交通事故,但也有可能是刑事案件。这就需要根据现场勘察、车辆检验、人体损伤检验、当事人生理、精神状态鉴定,结合死亡原因及致伤方式,确定案件性质。

(2)通过对交通事故现场发现的机体组织、毛发、血液、血迹等生物性检材进行检验和鉴定,对被鉴定的客体做出同一性认定。认定交通事故肇事车辆,并可以结合车辆在碰撞过程中的运动过程,判断有关痕迹、物证、损伤等形成的过程和原因,及事故发生前当事人所处的位置、交通参与方式。

(3)确定交通事故损伤与疾病的关系,死亡与疾病的关系,损伤、疾病与伤残的关系,死亡方式和直接死亡原因。为公正、合理地划分交通事故伤亡的民事赔偿提供依据。

(4)对因交通事故而引起的当事人损伤情况进行伤残评定,为交通事故损伤案件的民事赔偿提供客观依据。

(5)对交通事故当事人,因交通事故而引起的休息(误工)时限、护理时限、营养时限进行法医学鉴定,为交通事故损伤案件的民事赔偿提供客观依据。

5)事故车辆安全技术鉴定

交通事故各方当事人中,至少有一方使用车辆,包括机动车和非机动车。车辆是构成交通事故的前提条件,无车辆参与的事故不能认为是交通事故。车辆作为交通事故的构成要素,其安全技术状况与事故之间存在着一定的因果关系。事故发生后,事故车辆往往会因碰撞中产生的巨大冲击力而发生车体变形和功能损坏;也存在着事故车辆在事故发生前就已经达不到正常使用标准要求或存在安全隐患而导致事故发生的可能性;同时,也存在车辆安全系统及部件因突发性机械故障而引发交通事故的可能性。因此,在进行事故调查工作中有必要对肇事车辆安全技术状况及与事故之间的关系进行鉴定,做出公正、合理的判断。事故车辆安全技术鉴定有以下作用:

(1)为道路交通事故处理中的责任认定或法律诉讼中的判决提供证据。

(2)通过对车辆技术鉴定结果的分析、研究,找出案发规律,向相关主管部门提出整改意见或方案,为做好交通事故的预防提供依据。

(3)对一些具有规律性的整车或零部件制造缺陷、维修缺陷向相关管理部门或对应企业提供质量信息,有利其质量改进。

(4)对车辆损毁情况的核实也为民事赔偿提供依据。

根据事故处理和交通事故案件审理工作的需要,目前开展的交通事故车辆检验及鉴定项目主要可以解决以下问题:

(1)车辆属性鉴定。根据发动机工作容积、动力装置功率及车辆相关特征对机动车的车辆属性(轻便摩托车、摩托车或非机动车)进行认定,根据机动车的定义,对车辆的机动车、非机动车的属性进行认定,为交通事故当事人准驾车型的确定及事故责任认定提供依据。

(2)车损评估。对事故车辆损毁程度进行检验及修缮费用估算,为民事赔偿提供依据。

(3)车辆安全技术状况检验。根据相关车辆及部件标准,对事故车辆的安全设施、安全性能进行检验。目前检验的内容包括:安全气囊、安全带、车辆制动性能、车辆转向功能、后视镜、照明、信号、轮胎等安全装置。

(4)车辆安全技术状况与事故关系的鉴定。根据事故车辆安全技术状况的检验结果,结合事故现场、碰撞部位、车辆运动过程、碰撞速度等综合分析事故车辆安全技术状况与事故发生的因果关系。确定事故车辆安全系统及部件的损坏或失效是在事故前还是在事故后形成的,对于在事故前已经形成的损坏或失效应判断其是固有存在还是突发产生,明确事故性质(是过错还是意外)。为事故成因分析及责任认定提供依据。

(5)车辆起火原因鉴定。找出起火原因,为车损理赔和事故原因分析提供依据。图 2-4 所示为某地公交车失火鉴定现场。

扫一扫

图 2-4　某地公交车失火鉴定现场

☞【知识要点提示】

失火是指车辆在行驶过程中未发生违章行为,而是由于某种人为或技术原因而引起的火灾。人为故意纵火,导致车辆燃烧事故,不属于交通事故。

6)车速的鉴定

车速是进行责任认定的一个重要参数。为了保证机动车运行安全,国家标准《机动车运行安全技术条件》(GB 7258—2017)中规定,任何厂家生产的新车及在用车辆都必须符合该条件的规定。《道路交通安全法》第十条规定:准予登记的机动车应当符合机动车国家安全技术标准;第十三条规定:对登记后上道路行驶的机动车,应当依照法律、行政法规的规定,根据车辆用途、载客载货数量、使用年限等不同情况,定期进行安全技术检验。在道路上行驶的机动车辆必须符合国家标准《机动车运行安全技术条件》规定,保障车辆运行时的安全。无论是初次领取机动车号牌的出厂新车或是在用车辆的年度检验都必须执行上述国家标准。同样,这一标准也是事故车辆运行安全技术条件检验的重要依据,对事故车检验工作具有指导作用。

事故再现是进行事故成因分析及运动形态分析的主要方法之一,用来解释说明事故发生的整个过程或其中某一时段的过程。主要分为事故的现场再现、过程再现、碰撞点再现、碰撞形态再现。

事故再现主要是基于事故的各种信息,如当事人及证人笔录、碰撞后现场位置关系、车体痕迹、体表损伤及衣着痕迹、路面痕迹、监控录像、行车记录装置等,运用车辆工程、交通工程、力学、运动学、驾驶行为相关的数学与物理原理,对事故发生的过程进行理论推演与印证。针对事故处理需求,对事故碰撞形态和发生过程进行定量描述。

动力学是用于定量描述事故过程的主要基础理论,其中又以动量守恒和能量守恒为主,动量守恒以碰撞前的动量总和与碰撞后的动量总和相等为基础,在车辆的质量为已知条件的情况下,考虑其行驶方向与碰撞后相关位置,推导碰撞前后车速的变化及碰撞角度;能量守恒是根据事故发生后车辆位移、损毁程度、碰撞后势能的变化,计算碰撞前、后车速的变化及碰撞角度。

对于每一起道路交通事故,需要进行再现的内容不尽相同,一般事故再现可以解决以下问题:

(1)还原事故现场位置关系;

(2)事故发生前车辆的行驶方向;

(3)涉案相关人、车在事故发生前的位置;

(4)事故过程中人、车的运动过程;

(5)事故不同阶段的车速;

(6)碰撞发生的空间位置。

事故再现研究属于交通安全研究的微观领域,是一个技术性和理论性都很强的重要课题。完整的事故再现能够确定造成碰撞以及人员伤亡的各种物理因素。包括事前因素,如车辆行驶路线、速度、方向及路面接触点;以及事后因素,如车辆、车辆部件以及人员的最后停止地点、制动痕迹等。这些经过鉴定得到的物理因素可以作为交通事故处理的证据,为事故的责任认定提供依据。

2.1.3 案例分析

结合表 2-1 所示内容介绍一起综合案例,包括交通事故车辆主要系统和装置的安全技术检验鉴定。通过综合案例,具体分析交通事故案情资料的收集、检验鉴定方案的确定、相关系统的检验鉴定、鉴定结论、事故过程及成因分析等内容。

表 2-1　鉴定要点

知识要点	掌握程度	相关知识
交通事故案情资料	掌握案情资料包括的主要内容	事发时的环境因素
交通事故车辆安全技术检验鉴定	掌握事故车检验鉴定方案的制定、各系统的检验鉴定方法	国家和行业的相关标准的技术要求
鉴定结论	掌握依据国家、行业等相关标准,对检验鉴定结果进行判定	引用不同级别标准的原则
交通事故成因分析	掌握结合人、车、路和环境因素综合分析交通事故的形成原因	交通工程学、交通心理学等方面的知识

交通事故案情资料对事故形态的确认、检验鉴定方案的确定、检验鉴定方法的选择和交通事故过程及成因分析起十分重要的作用。案情资料主要包括案情摘要(含驾驶人信息、环境信息等)、检材、委托事项等。对这起综合案例,为避免纠纷,略去了驾驶人等信息。

1. 案情摘要

委托人称,202×年 8 月 29 日 23 时 50 分许,牌照号为川 SG××××的亚洲英雄牌 AH175ZH 型普通正三轮摩托车在达县南外西环路新达内燃机厂路段(下坡坡道,坡度 8%),发生与前行的川 S1××××的东风/EQ5170CCQW 型货车追尾碰撞的交通事故,事故造成人员伤亡、车辆受损,委托人在勘察事故现场时发现三轮车传动轴断脱、灭失。

2. 检材

(1)已发生交通事故、牌照号为川 SG××××的亚洲英雄牌 AH175ZH 型普通正三轮摩托车。

(2)已发生交通事故、牌照号为川 S1××××的东风/EQ5170CCQW 型货车。

(3)道路交通事故现场图复制件及事故车辆行驶证复制件。

(4)川 SG××××三轮摩托车事发前的装载情况。

3. 委托事项

因道路交通事故责任认定的需要,对川 SG××××亚洲英雄牌 AH175ZH 型普通正三轮摩托车的传动系、行驶形态、制动系、转向系进行相关安全技术检验鉴定,并分析该车传动轴断脱与制动失效有无因果关系;对川 S1××××东风/EQ5170CCQW 型货车的后部灯光信号装置及后下部防护装置进行相关安全技术检验鉴定。

4. 川 SG××××三轮车检验鉴定方案的确定

在这起交通事故中,川 SG××××亚洲英雄牌 AH175ZH 型普通正三轮摩托车是事故中的后车,事故发生在夜晚,结合案情资料分析,事故车的传动系、行驶形态、制动系、转向系、灯光照明系统的安全技术状况均可能与事故有关,因此在检验鉴定中对这几个系统进行逐一检验。

由于川 SG××××亚洲英雄牌 AH175ZH 型普通正三轮摩托车在事故中严重受损,部件缺失,完全丧失行驶能力,因此采取静态检视、检验的方式对事故车的安全技术状况进行检验鉴定。

5. 川 SG××××三轮车相关系统、零部件检验

1)川 SG××××三轮车检视

(1)事故车辆外观如图 2-5 和图 2-6 所示,该车前部在事故中严重损坏,中部及后部变形,传动轴灭失。

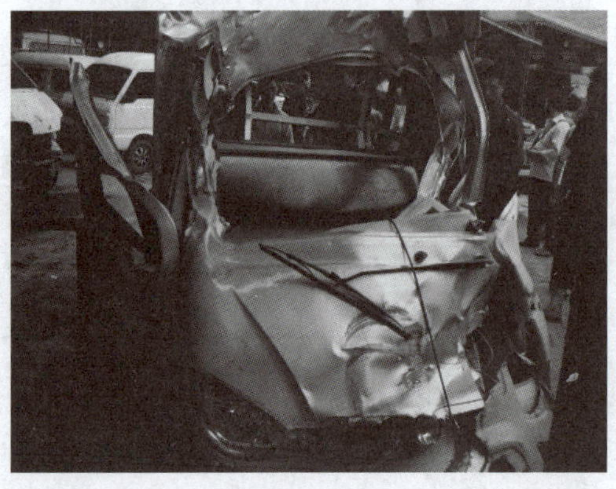

图 2-5　事故车前部

图 2-6　事故车后部

图 2-7　事故车里程表

(2)里程表显示该车已行驶里程为 196.5 km,如图 2-7 所示。

2)转向系检验

该车配置机械式转向机构。检验时,方向盘已与转向器管柱脱离,转向器支架严重变形(见图 2-8 和图 2-9)。经检验,转向器齿轮啮合间隙正常。

3)传动轴相关连接件检验

(1)检验时,该车传动轴已灭失。

(2)该车变速器输出端连接的十字轴万向节及花键轴完好,经测量,该花键轴工作部分纵向摩擦痕迹长度约为 65 mm(见图 2-10)。

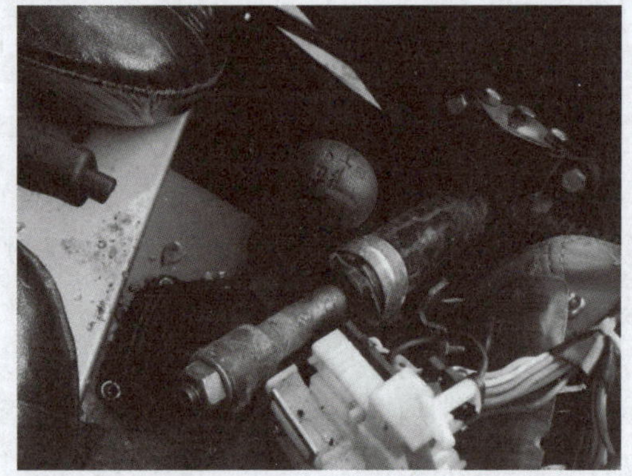

图 2-8　事故车方向盘管柱

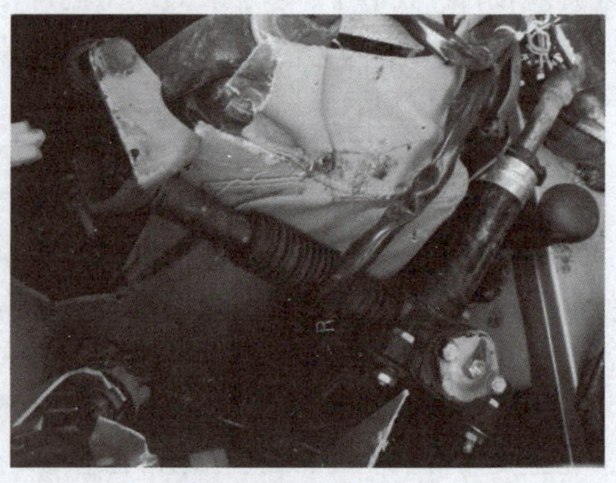

图 2-9　事故车转向器

(3)与该车驱动桥主减速器动力输入端连接的万向节损坏,万向节主、从动叉分离,与主减速器动力输入端连接的万向节叉外表面存在明显的擦伤痕迹,万向节叉的十字轴轴承座已明显变形,与该万向节叉连接的法兰盘已弯曲变形,其圆柱面与法兰盘间过渡圆弧处已部分撕裂(见图 2-11 和图 2-12)。

图 2-10　万向节伸缩花键轴

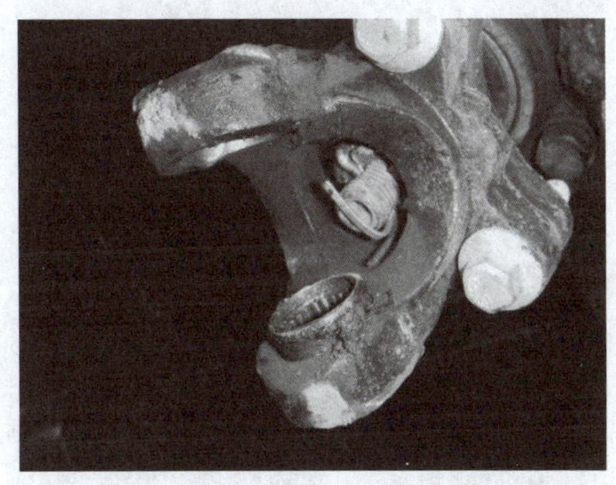

图 2-11　万向节叉及十字轴轴承座

4)行驶系统检验

(1)后桥与后悬挂:

①经测量计算,检验时主减速器动力输入端随驱动桥壳体向下方转动了约 84°(见图 2-13)。

图 2-12　驱动桥主减速器动力输入端法兰盘

图 2-13　驱动桥主减速器动力输入端

②该车左后钢板弹簧与弹簧座间已产生明显的错位(见图 2-14 和图 2-15)。

③该车右后钢板弹簧、钢板座与后桥壳体间产生了明显的严重错位(见图 2-16 和图 2-17)。

④该车右后钢板弹簧座前端与正常组焊情况下对应位置的桥壳上,有三个间断点焊痕迹,经检视,三个点焊区均为未焊透焊缝(见图 2-18 和图 2-19)。右后钢板座后端与桥壳间无任何焊接痕迹(见图 2-17 和图 2-20)。

⑤该车左侧板簧座与桥壳前后连接部位均为连续焊缝。

⑥经测量,该车左后钢板弹簧与桥壳连接的 U 形紧固螺栓距离原装配位置沿后桥轴向移

图 2-14　左后钢板弹簧与板簧座旋转错位(A)

图 2-15　左后钢板弹簧与板簧座旋转错位(B)

图 2-16　右后簧板、板簧座与桥壳旋转错位(前)

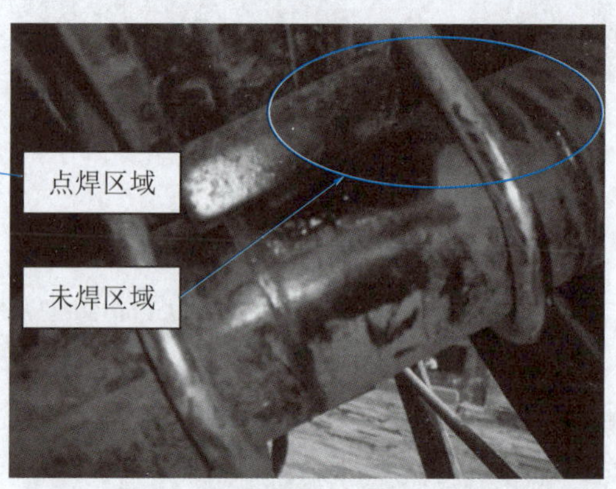

图 2-17　右后钢板、板簧座与桥壳旋转错位(后)

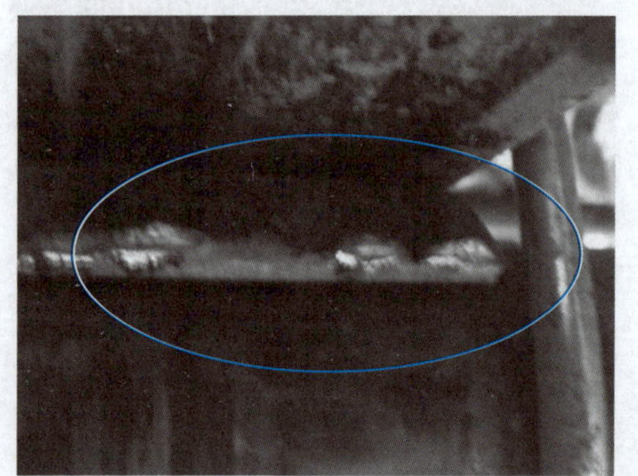

图 2-18　已断裂的右后钢板座前焊接点

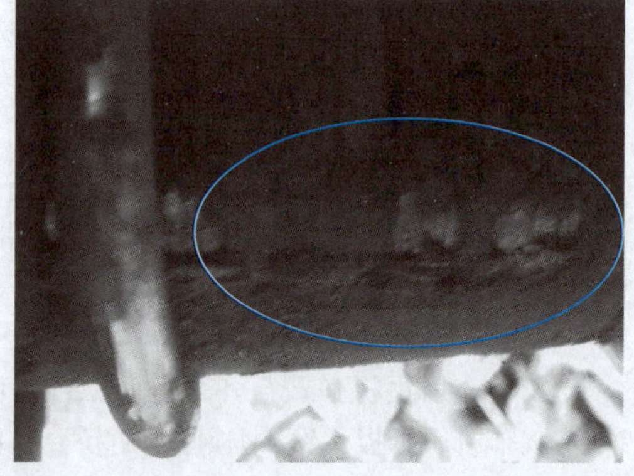

图 2-19　右后钢板座前焊点在桥壳上的痕迹

动约 25 mm;该车右后钢板弹簧与桥壳连接的 U 形紧固螺栓距离原装配位置沿后桥轴向移动约 20 mm(见图 2-21 和图 2-22)。观察 U 形紧固螺栓在桥壳上的原装配位置,桥壳上均存在明显的滑动摩擦痕迹(见图 2-15、图 2-17、图 2-20、图 2-21 和图 2-22)。

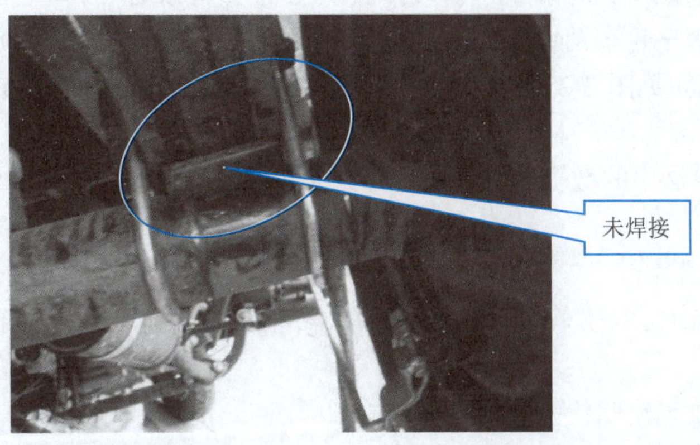

图 2-20　右后钢板座后端在桥壳上无焊接痕迹

图 2-21　左后 U 形螺栓在桥壳上位移痕迹

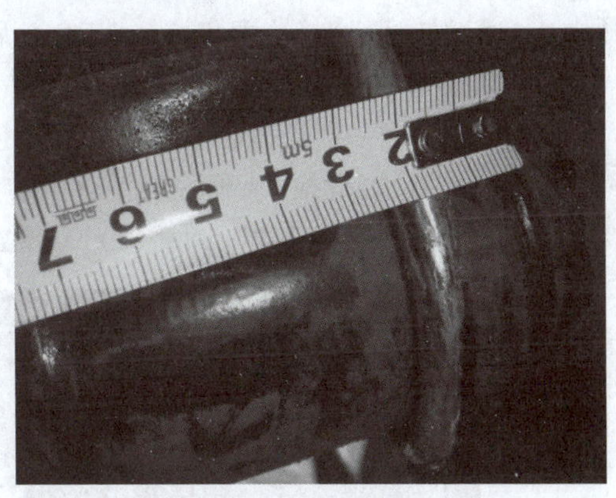

图 2-22　右后 U 形螺栓在桥壳上位移痕迹

⑦检验时，该车所有钢板弹簧与桥壳连接的 U 形紧固螺栓上的螺母全部处于松动状态（多数不使用工具，用手即可轻易拧动），在螺母下面的弹簧垫圈也多数处于自由状态（见图 2-23 和图 2-24）。经检视，螺母的外表面上，未发现在检验前与扳手、套筒等工具接触过的痕迹。

图 2-23　U 形紧固螺栓上的螺母（左）

图 2-24　U 形紧固螺栓上的螺母（右）

扫一扫

图 2-25 对比车前部照片

扫一扫

图 2-26 对比车后部照片

扫一扫

表 2-2 U 形螺栓伸出螺母长度比较

扫一扫

图 2-27 驱动桥右侧轮胎花纹

扫一扫

图 2-28 驱动桥左侧轮胎花纹

⑧为求证检验时事故车钢板弹簧的 U 形紧固螺栓、螺母装配状态是否正常，由当地该品牌三轮车销售商提供了一台停放于达州市联合汽修厂库房内的同品牌、同型号的车辆（见图 2-25 和图 2-26），进行 U 形螺栓伸出螺母长度的对比测量。对比数据见表 2-2。

从表 2-2 中的数据可以看出，对比车辆的 U 形螺栓伸出螺母的长度都比事故车长。

（2）轮胎：

①检验时，事故车驱动桥装用的左、右车轮轮胎的胎冠花纹不一致（见图 2-27 和图 2-28）。

②事故车轮胎检验数据见表 2-3。

5）制动系统检验

（1）事故车制动系采用的是机械式操纵机构。制动时，其制动踏板的踏板位移通过杠杆机构、拉索和拉杆带动前、后车轮制动凸轮转动，实现制动摩擦片与制动鼓接触，产生制动摩擦力。该车驻车制动系的传动机构也是同一拉杆机构。检验时，其前轮制动器壳体已因撞击发生破损（见图 2-29）。

（2）经拆检，该车后轴制动器的制动鼓、制动摩擦片完好，其工作面摩擦痕迹均匀、正常（见图 2-30～图 2-33），其测量数据见表 2-4。

图 2-29 事故车前轮制动器壳体

图 2-30 事故车左后车轮制动器

图 2-31 事故车左后车轮制动鼓

图 2-32 事故车右后车轮制动器

图 2-33　事故车右后车轮制动鼓

扫一扫

表 2-3　事故车轮胎型号规格、品牌、胎冠花纹最小深度、轮胎气压检测数据

表 2-4　后轴制动鼓及摩擦片测量数据　　单位：mm

项　目			左后轮	右后轮
制动摩擦片	前片	摩擦片厚度	6.3	5.2
	后片	摩擦片厚度	5.3	6.5
制动鼓	端口内径		220.3	220.2
	磨损量		轻微磨损	轻微磨损

(3)拆检时，后桥两车轮制动器的制动凸轮均处于回位状态、未顶开制动蹄片的位置(见图 2-30 和图 2-32)。

(4)检验时，事故车左后轮制动凸轮调整臂与拉杆的夹角几乎为 180°(见图 2-34)；右后轮制动凸轮调整臂与拉杆的夹角约为 120°(见图 2-35)。

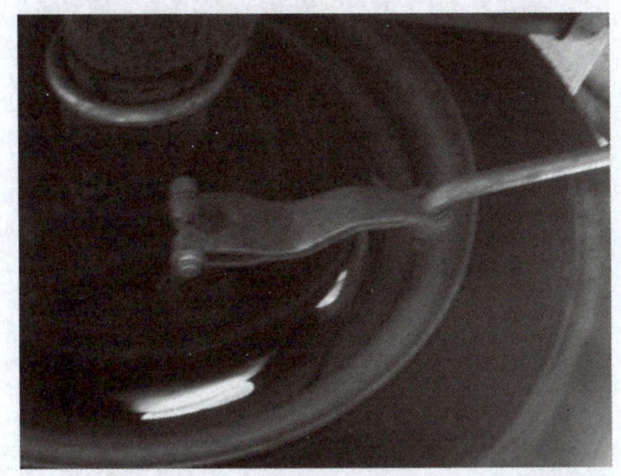

图 2-34　事故车左后轮制动凸轮调整臂位置

图 2-35　事故车右后轮制动凸轮调整臂位置

(5)当地销售商提供的用于对比的、与事故车同一型号的车辆在非制动状况下的制动凸轮调整臂位置如图 2-36 和图 2-37 所示。由照片中可见，该对比车左、右车轮制动凸轮调整臂与拉杆之间的正常夹角(传动角)均为锐角。另外，从图 2-37 中也反映出该型号车辆在正常状态下，其主减速器动力输入轴轴线处于接近平行于地面的角度。

图 2-36 对比车左后轮制动凸轮调整臂位置

图 2-37 对比车右后轮制动凸轮调整臂及主减速器位置

(6)经拆检,该车驱动轴两侧车轮制动器的制动凸轮调整臂与制动凸轮轴之间连接的三角形内花键齿已遭损坏,大部分出现了“倒齿”现象(见图 2-38~图 2-41)。

图 2-38 凸轮调整臂与制动凸轮轴的装配关系(A)

图 2-39 凸轮调整臂与制动凸轮轴的装配关系(B)

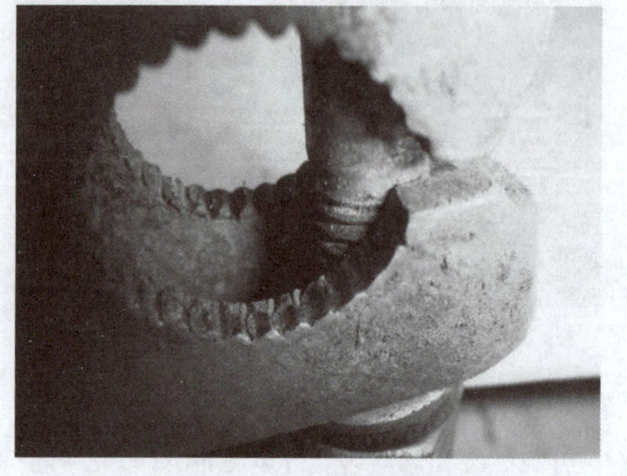

图 2-40 右凸轮调整臂已损坏的内三角齿

图 2-41 左凸轮调整臂已损坏的内三角齿

6)灯光照明装置

(1)该车前部的灯具已在事故中撞损,其相关线路也被撞损坏,故未能对该车的照明及信号装置的有效性进行检验。据委托人提供的资料表明,该车事故前灯光照明正常。

(2)经测量,该车蓄电池空载电压为 12.3 V(见图 2-42)。

图 2-42　蓄电池空载电压测量

6. 川 S1××××东风牌货车检验鉴定

在这起交通事故中,川 S1××××东风牌货车是事故中的前车,事故发生在夜晚,那么只有该车的后下部防护装置、后部的灯光信号装置和反光标识的安全技术状况可能与事故有关,因此,针对该车这两个系统进行检验鉴定。

扫一扫

图 2-43　被检货车后部

1)后下部防护装置检验

(1)该车货箱后部粘贴了 6 张 300 mm×50 mm 的车身反光标识(见图 2-43),后部车身反光标识的总面积与后反射器面积之和大于 0.1 m^2。

(2)该车安装有后下部防护装置。经测量,其横向构件长度约为 1 920 mm,横向构件的截面高度约为 60 mm(见图 2-44),车辆后下部防护装置的下边缘离地高度约为 745 mm(见图 2-45)。

扫一扫

图 2-44　被检货车后防护横向构件长度测量

2)灯光信号装置检验

经检验,该车后部的灯光信号装置齐全、完好、有效。

7. 鉴定结论

川 SG××××的亚洲英雄牌 AH175ZH 型普通正三轮摩托车后桥壳体上的右钢板弹簧座与后桥壳体间的焊接存在严重缺陷;后桥壳体上的所有钢板弹簧 U 形紧固螺母在装配中未按规范要求拧紧,致使在短期使用中发生了松退。钢板弹簧与后桥壳体的连接松动,导致事故车在下坡行驶中采取制动措施时,后桥壳在车轮转矩的带动下脱离钢板弹簧的固定约束发生转动,导致驱动轮制动器的制动凸轮调整臂内三角花键齿损坏,调整臂与制动凸轮轴之间发生打滑,制动传动机构失效。上述因素综合作用,导致该车制动功能最后彻底失效。该三轮车驱动桥装用的左、右车轮轮胎的胎冠花纹不一致,不符合国家标准《机动车运行安全技术条件》(GB 7258—2017)中“同一轴上的轮胎规格和花纹应相同”的规定。

扫一扫

图 2-45　事故车后下部防护横向构件截面高度测量

牌照号为川 S1××××的东风/EQ5170CCQW 型货车的后下部防护装置不符合国家标准《汽车及挂车侧面和后下部防护要求》(GB 11567—2017)第 9.1 条①和第 9.4 条②的要求。

事故过程分析:事故发生前,川 SG××××三轮摩托车处于重载情况(装载 5 人,另

---

① 9.1　在车辆空载状态下,车辆在其全部宽度范围内的后下部防护的下边缘离地高度不大于 500 mm。

② 9.4　后下部防护的横向构件的两端不应弯向车辆后方且不应有尖锐的外侧边缘。横向构件的外侧端应倒圆,其圆角半径不小于 2.5 mm;横向构件的截面高度,对于 N_2、O_3 类车辆不小于 100 mm,对于 N_3、O_4 类车辆不小于 120 mm。

装载蔬菜等货物),事故路段为8%坡度的坡道。事故发生时,事故车行驶于下坡方向的坡道中间路段。川SG××××三轮摩托车的后驱动桥为非独立纵置钢板弹簧悬架。正常情况下,钢板弹簧与桥壳通过U形螺栓紧固装配为一体,因此,钢板弹簧对桥壳具有定位和导向作用。车轮上的各种力和力矩,都经由装配为一体的桥壳,焊接在桥壳上的钢板弹簧座、钢板弹簧,以及板簧吊耳传递到车架,使车辆能够正常行驶工作。

车辆行车制动时,与车桥上固定部件相连接的制动摩擦片张开压向与车轮连接为一体的旋转的制动鼓,在制动摩擦片作用下,制动鼓受到一个阻止车轮转动的制动力矩,而制动鼓也通过制动摩擦片反作用一个大小相等、方向与车轮旋转方向相同的驱动力矩给桥壳。在该驱动力矩的作用下,桥壳会出现顺着车轮旋转方向的转动趋势,但由于紧固为一体的钢板弹簧对桥壳的定位作用限制了桥壳转动,桥壳实际的转动角度很小,不会影响车辆正常行驶。

但是在本次事故中,事故车处于重载下坡行驶,同时其桥壳与板簧座焊接存在严重缺陷,桥壳与板簧连接的U形螺栓紧固不足。因此,制动时,事故车纵置钢板弹簧对桥壳的定位作用不足以限制事故车后桥壳顺车轮旋转方向的转动。钢板弹簧中心定位螺栓先与焊接在桥壳上的钢板弹簧座中心孔抵压接触,最终导致左侧钢板弹簧与钢板弹簧座脱位、右侧钢板弹簧座前端焊点拉开,后桥壳发生顺车轮前进方向的大角度转动,如图2-46所示,箭头1表示在制动时桥壳的转动方向,箭头2表示汽车前进时车轮的旋转方向。

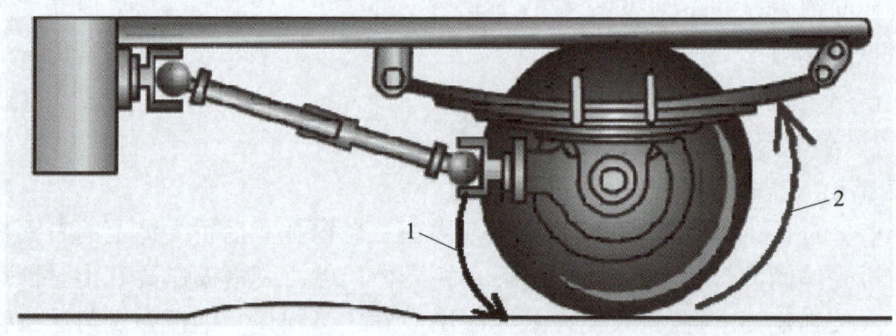

图2-46 后桥壳转动示意图

在主减速器输入端随桥壳发生大角度向下旋转的过程中,两个传动万向节之间的距离变长,使装配在变速箱输出端第一万向节的从动叉上的传动花键轴从装配在后桥输入端第二万向节主动叉的传动花键套中脱出。由于后桥壳已发生旋转,使主减速器动力输入端带着与之连接的万向节及传动花键套与公路路面发生碰撞,致使传动花键套及其所连接的第二万向节十字轴与从动万向节叉分离。

桥壳发生顺车轮前进方向的转动,使两车轮制动器的底板随之发生旋转,如图2-47所示,制动凸轮轴一起发生角位移,同时也使制动凸轮调整臂产生角位移,制动凸轮轴与调整臂连接处的三角形花键受到很大的剪力。当剪力超过三角花键抗剪强度时,三角花键齿被破坏,轴与臂间发生相对转动(打滑),此时,无论怎样踩动制动踏板,都不可能使制动凸轮转动,事故车后轮失去制动功能。需要说明的是,当桥壳发生大角度旋转后,事故车左后轮制动凸轮调整臂与拉杆的夹角接近180°,根据机械原理中四连杆机构运动分析,此时拉杆和制动凸轮调整臂处于"共线"位置,即四连杆机构中的"死点"位置,制动拉杆失去传动作用。该车的前制动、驻车制动拉索，都并接于同一杆件上，当机构主杆件失去传动作用时，导致整个制动系统工作失效。

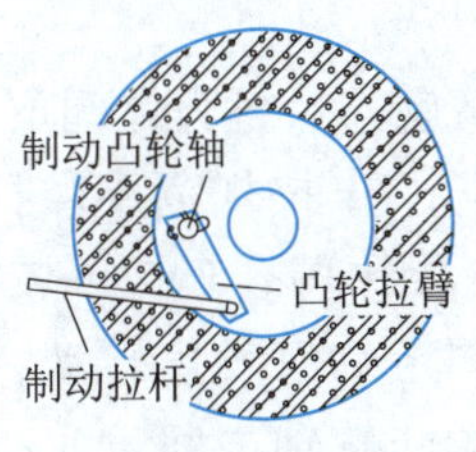

（a）后桥滑转前

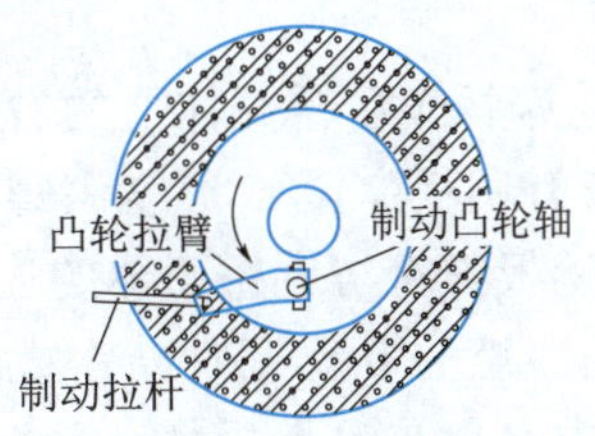

（b）后桥滑转后

图 2-47　后前滑转示意图

事故成因：川 SG××××三轮摩托车后桥壳体上的右钢板弹簧座与后桥壳体间的焊接存在严重的缺陷；后桥壳体上的所有钢板弹簧 U 形紧固螺母在装配中未按规范要求拧紧，致使在短期使用中发生了松退。钢板弹簧与后桥壳体的连接松动，导致事故车在下坡行驶中采取制动措施时，后桥壳在车轮转矩带动下脱离钢板弹簧的固定约束发生转动，导致驱动轮制动器的制动凸轮调整臂内三角花键齿损坏，调整臂与制动凸轮轴之间发生打滑，制动传动机构失效。

结合人、车、路、环境因素综合分析，川 SG××××三轮摩托车后桥及悬挂系统的质量缺陷，导致后桥在制动过程中脱离钢板弹簧的固定约束发生转动，致后轮制动器传动机构失效，最终导致后制动器完全失效，是这起事故发生的直接原因。

虽然川 S1××××东风/EQ5170CCQW 型货车的后下部防护装置不符合国家标准要求，并不是这起事故发生的直接原因，但在这起追尾碰撞事故中加重了对川 SG××××三轮摩托车的损坏及驾乘人员的伤害。

2.2　交通事故车辆鉴定案例教学指导

2.2.1　教学目标

1. 知识目标

通过交通事故鉴定案例学习，了解、掌握交通事故的定义与分类，交通事故鉴定技术；交通事故车辆安全技术鉴定的性质与方法；交通事故车辆转向系统检验鉴定；交通事故车辆行驶系统检验鉴定；交通事故车辆安全防护装置鉴定；交通事故车辆制动系统鉴定；交通事故车辆照明、信号装置鉴定；交通事故车辆传动系统鉴定等主要知识点。

2. 能力目标

通过系统学习，具备应用所学知识鉴定一般交通事故车辆安全技术的能力，能够解决一般的鉴定技术问题和事故成因分析等。具备交通事故车辆安全技术检验鉴定中高级鉴定员的鉴定技能和素质，具备独立从事科学研究的能力。

3. 情感目标

在学习中，学会相互协作，体现团队精神；学习后，能自觉遵守《道路交通安全法》，树立良好的职业道德,做道路交通安全的践行者和宣传者。

2.2.2 分析思路

川 SG××××三轮摩托车后桥壳体上的右钢板弹簧座与后桥壳体间的焊接存在严重的缺陷;后桥壳体上的所有钢板弹簧 U 形紧固螺母在装配中未按规范要求拧紧,致使在短期使用中发生了松退。钢板弹簧与后桥壳体的连接松动,导致事故车在下坡行驶中采取制动措施时,后桥壳在车轮转矩的带动下脱离钢板弹簧的固定约束发生转动,导致驱动轮制动器的制动凸轮调整臂内三角花键齿损坏,调整臂与制动凸轮轴之间发生打滑,制动传动机构失效。

结合人、车、路、环境因素综合分析,川 SG××××三轮摩托车后桥及悬挂系统的质量缺陷,导致后桥在制动过程中脱离钢板弹簧的固定约束发生转动,致后轮制动器传动机构失效,最终导致后制动器完全失效,是这起事故发生的直接原因。

虽然川 S1××××东风/EQ5170CCQW 型货车的后下部防护装置不符合国家标准要求,并不是这起事故发生的直接原因,但在这起追尾碰撞事故加重了对川 SG××××三轮摩托车的损坏及驾乘人员的伤害。

2.2.3 课堂设计

1. 课时分配

共 3 个课时(45 min 为 1 个课时):

(1)教师案例讲解:60 min。

(2)学生小组讨论:30 min。

(3)课堂小组代表发言并进一步讨论:30 min。

(4)教师课堂讨论总结:15 min。

2. 讨论方法

(1)学生自行准备。在正式开始案例教学前 1~2 周,将案例材料发放给学生,让学生有充分的时间阅读案例材料、查阅相关材料、搜集必要信息并积极思考,初步形成关于案例中问题的解决思路。

(2)小组内部讨论。在课堂上将学生划分为 3~6 人的小组,小组以自定的方式进行组织讨论,教师可不进行干涉。

(3)小组集中讨论。每个小组派出自己的代表,发表本小组对案例的分析和意见,发言完毕后接受其他小组成员的提问并做出解释,本小组成员可补充回答问题。

2.2.4 要点汇总

本案例以一起典型交通事故安全技术检验鉴定为例,具体分析交通事故案情资料的收集、检验以及鉴定方案的确定、相关系统的检验鉴定、鉴定结论、事故过程及成因分析等内容。

交通事故案情资料主要包括案情摘要、委托事项和送检材料等。

交通事故车辆安全技术检验鉴定主要包括检验鉴定方案的确定;检验鉴定方法的确定;相关系统、零部件检验;鉴定结论;交通事故成因分析等。

相关系统、零部件检验主要包括川 SG××××三轮车检视；转向系检验；传动轴相关连接件检验；行驶系统检验；制动系统检验；灯光照明装置检验，川 S1××××东风牌货车的后下部防护装置检验以及该车后部灯光信号装置检验。

交通事故成因分析主要包括川 SG××××三轮摩托车系统及零部件主要缺陷分析，事故过程分析，结合人、车、路、环境因素综合分析事故成因。

思考题

1. 交通事故案情资料主要包括哪些内容？
2. 简述道路交通事故车辆安全技术鉴定方案的确定方法。
3. 应该从哪几方面进行交通事故成因分析？

参考文献

[1] 李丽莉，冯浩，潘少猷．道路交通事故鉴定技术概述[J]．中国司法鉴定，2008(3)：4.

[2] 陈忆九，陈建国．交通事故中非机动车驾驶者交通行为方式鉴定[J]．法医学杂志，2004，20(1)：2.

[3] 刘瑞珏，程亦斌，范利华．法医临床学三期鉴定中的若干问题思考[J]．中国司法鉴定，2007(4)：4.

[4] 刘建军．交通事故物证鉴定技术[M]．北京：中国人民公安大学出版社，2001.

[5] 林洋．实用汽车事故鉴定学[M]．北京：人民交通出版社，2001.

[6] 陈家瑞．汽车构造[M]．北京：机械工业出版社，2000.

[7] 朱红兵，黄岩．交通事故中爆胎痕迹检验 1 例[J]．刑事技术，2007(4)：2.

[8] 张亦良，姜公锋，徐学东，等．汽车转向横拉杆断裂失效分析[J]．北京工业大学学报，2010(10)：7.

[9] 张栋，钟培道，陶春虎．失效分析[M]．北京：国防工业出版社，2004.

[10] 侯学勤，范金娟．橡胶密封件的失效分析与橡胶断口形态[J]．世界橡胶工业，2010，37(12)：5.

[11] 王学刚．对客车转向拉杆系统失效的研究[J]．科技创新导报，2010(14)：2.

[12] 张升才，郦剑，罗娟，等．汽车后桥半轴断裂失效分析[J]．金属热处理，2010(9)：4.

[13] 中华人民共和国公安部．机动车运行安全技术条件：GB 7258—2017[S]．北京：中国标准出版社，2017.

[14] 中华人民共和国工业和信息化部．汽车及挂车侧面和后下部防护要求：GB 11567—2017[S]．北京：中国标准出版社，2018.

[15] 中华人民共和国工业和信息化部．商用车辆和挂车制动系统技术要求及试验方法：GB 12676—2014[S]．北京：中国标准出版社，2015.

[16] 中华人民共和国工业和信息化部．机动车和挂车防抱制动性能和试验方法：GB/T 13594—2003[S]．北京：中国标准出版社，2003.

[17] 中华人民共和国交通运输部．汽车修理质量检查评定方法：GB/T 15746—2011[S]．北京：中国标准出版社，2011.

[18] 中华人民共和国交通运输部．汽车维护、检测、诊断技术规范：GB/T 18344—2016[S]．北京：中国标准出版社，2017.

[19] 中华人民共和国工业和信息化部. 汽车操纵件、指示器及信号装置的标志：GB 4094—2016[S]. 北京：中国标准出版社，2017.

[20] 中华人民共和国工业和信息化部. 汽车及挂车外部照明和光信号装置的安装规定：GB 4785—2019[S]. 北京：中国标准出版社，2020.

第3章　交通安全隐患排查与整改

鹧鸪山隧道西引道路段运行条件恶劣，多年来道路交通事故频发。为贯彻预防为主、保障安全的方针，遏制道路交通事故的发生，应马尔康市公安局的委托，基于道路交通安全工程原理，结合相关国家标准和行业规范，对该道路线形进行了重建和安全性分析，继而排查出该道路在交通标志、交通标线、路侧防护设施等方面的安全隐患，在此基础上提出针对性的预防整改方案。案例工程性较强，适合交通运输工程学硕和交通运输专硕交通安全方向。

3.1　交通安全隐患排查与整改案例

3.1.1　案例背景

2016年4月16日，西华大学一行6人受邀在鹧鸪山隧道管理处参加了由马尔康市副市长、公安局局长雷开伟主持召开的鹧鸪山隧道引道道路交通安全整治现场办公会，与市交警大队、市安监局、市公路局、市运管所以及鹧鸪山隧道管理处负责人进行了座谈。现场办公会责成市公安局牵头，委托西华大学课题组就鹧鸪山隧道引道的事故隐患进行诊断，并提出针对性的预防改造方案。项目完成的过程主要包括如下阶段：

(1)4月16日，现场办公会当天，课题组使用无人机、附着系数测定仪、坡度仪等仪器，对西引道道路线形、路面状况进行初步勘察和检测。

(2)4月16日下午，课题组在鹧鸪山隧道管理处向有关科室收集鹧鸪山隧道及其引道的部分设计资料。

(3)4月22日，课题组赴四川省交通厅公路设计院收集鹧鸪山隧道及其引道的部分设计资料和路面改造设计资料。

(4)4月28日，课题组研究人员赴汶川阿坝州公安局交警支队提取了位于西引道K288+600处卡口监控电子眼记录的车辆图像资料。

(5)5月27日，课题组赴马尔康市交警大队梭磨中队与一线交警交流路段事故状况和改造建议，收集了事故报警记录资料、重大事故资料。

(6)5月27日上午，在梭磨交警中队的配合下，课题组使用无人机、全站仪、经纬仪等仪器对西引道的线形进行复勘。

(7)5月27日下午，课题组研究人员对西引道全线进行步行踏勘，采集了路段上每一个标志牌、每一处标线、每一处设施的信息，检测了混凝土防撞墙的强度；在三家寨桥头处梭磨交警中队交警的配合下，利用热成像仪测量并记录了所有货车制动鼓的温度。

(8)5月28日上午，课题组研究人员利用雷达测速仪在西引道K287+400、K289+360、K290+050三处对下坡车辆的速度进行了测量。

(9)5月28日下午，课题组研究人员利用无人机、全站仪等设备对东洞口区域进行了航拍勘察和测绘;赴鹧鸪山隧道管理处监控室调研监控系统情况。

(10)8 月 4 日,项目研究报告初稿完成,并送相关单位听取意见。

(11)9 月 19 日,由市公安局组织,在马尔康市公安局召开项目验收评审会。

3.1.2 案例内容

案例项目的主要内容为:

(1)通过查阅相关资料并现场复勘,掌握鹧鸪山隧道西引道的交通运行特征和事故特征,特别是事故多发段及其形态特征。

(2)通过完整还原西引道道路的平面线形、纵断面线形和横断面,诊断出西引道道路的线形隐患。

(3)对路面标线、标志和路侧防护等安全设施进行安全审核,诊断出安全设施方面存在的安全隐患。

(4)针对西引道道路的特征,分析并设计了横向振动减速标线、薄层铺装以及道路中心线的改造方案。

(5)分析西引道路段货车制动失效的机理、弯道侧滑和侧倾的极限状态、冰雪路面的事故成因,构建车辆侧翻分析模型,给出大货车载重及限速安全极限建议。

(6)在对西引道全线步行踏勘的基础上,分析在西引道设置避险车道和紧急停车带的必要性和可行性,进行位置选址,给出避险车道和紧急停车带的设计方案。

(7)在对现有交通标志进行全面安全审核的基础上,分析并设计了西引道坡长、坡度、弯道预告标志、道路设施(避险车道、紧急停车带等)标志、线形诱导标志、冰雪路滑标志、限速标志与标记、上坡方向标志等,给出改造方案。

(8)针对鹧鸪山隧道及其引道的现状,分析该路段测速系统和监控系统的改造需求,给出改造方案。

(9)分析在东洞口区域设置安全检查服务区的必要性和可行性,分析服务区的功能定位和设施需求,给出设置方案。

(10)撰写驾驶人安全行车宣传教育资料。

限于篇幅,以下摘录部分陈述内容。

1. 交通运行隐患分析

自接受研究任务以来,通过多种途径调研鹧鸪山隧道及其引道交通运行及事故方面的状况。通过鹧鸪山隧道管理处收集路段的流量及构成信息,通过阿坝州公安局交警支队收集位于西引道上固定测速点位记录的信息,通过马尔康市公安局交警大队收集近年来发生在西引道上的重大交通事故资料,通过马尔康交警大队梭磨中队收集近几年事故接警登记资料和流动测速资料。另外,课题组先后两次赴现场路段进行了三天的数据采集,获得了大量第一手数据。基于这些数据,阐述西引道交通运行及事故状况。

1)交通流量及构成

鹧鸪山隧道及其引道路段为二级公路技术标准,设计速度为 40 km/h,路基宽度 8.5 m,路面宽度 7.5 m,设计远景交通量 2 676 辆/昼夜。路段于 2004 年 12 月竣工通车,地处川西高原,鹧鸪山隧道海拔 3 300 m,穿越海拔 4 200 m 的鹧鸪山垭口。鹧鸪山隧道东引道位于四川省阿坝藏族羌族自治州境内，距成都约 300 km；鹧鸪山隧道西引道位于阿坝州马尔康市境内，距离马尔康市 60 km。鹧鸪山隧道及其引道是进出马尔康的咽喉要道，是川藏公路北线的交通命脉，也是一条重要的国防通道。2015 年上半年，鹧鸪山隧道的西引道路面进行了大修改造。

根据鹧鸪山隧道管理处提供的资料（见表 3-1、表 3-2、图 3-1），鹧鸪山路段 2015 年全年当量交通量为 939 037 辆，即 1 349 280 标准小客车（pcu），年平均日交通量（AADT）为 2 573 辆，即 3 697 标准小客车（pcu/d）；2016 年 1 月 1 日至 4 月 17 日的平均日交通量（ADT）为 2 893 标准小客车（pcu/d）。可以看出，交通量高峰出现在 10 月，明显高于其他月份，其次是 8 月和 6 月；冬季交通量较少。

表 3-1　2015 年 1～12 月 317 国道鹧鸪山路段交通流量

时间	小型客车/辆	大型客车/辆	小型货车/辆	中型货车/辆	大型货车/辆	特大型货车/辆	集装箱/辆	摩托车/辆	当量/（pcu/月）	MADT/（pcu/d）
2015 年 1 月	26 640	2 184	1 862	2 592	1 591	3 462	33	2 701	57 120	1 843
2015 年 2 月	33 168	1 377	2 233	2 249	1 219	2 511	23	3 343	57 976	2 071
2015 年 3 月	40 979	5 279	5 885	3 970	2 819	5 136	148	5 610	95 941	3 095
2015 年 4 月	40 617	5 936	6 639	4 244	3 237	5 265	183	5 983	100 012	3 334
2015 年 5 月	40 561	5 289	3 458	10 207	8 323	2 043	20	4 040	104 524	3 372
2015 年 6 月	60 999	8 023	6 695	9 371	7 872	4 213	76	6 975	141 532	4 718
2015 年 7 月	48 703	6 353	7 361	5 227	3 808	5 883	177	6 855	115 953	3 740
2015 年 8 月	67 410	5 462	11 876	8 222	5 016	12 023	116	6 768	170 184	5 490
2015 年 9 月	40 941	5 451	7 204	4 963	3 679	7 584	155	5 362	111 121	3 704
2015 年 10 月	64 690	5 644	18 971	9 871	7 064	19 007	204	6 489	211 459	6 821
2015 年 11 月	33 364	2 655	13 556	6 225	3 788	7 538	70	3 338	105 374	3 512
2015 年 12 月	24 474	2 072	9 972	5 128	3 957	4 577	53	2 448	78 085	2 519

表 3-2　2016 年 1～4 月 317 国道鹧鸪山路段交通流量

时间	小型客车/辆	大型客车/辆	小型货车/辆	中型货车/辆	大型货车/辆	特大型货车/辆	集装箱/辆	摩托车/辆	当量/（pcu/月）	MADT/（pcu/d）
2016 年 1 月	23 127	2 038	9 069	5 166	3 447	4 142	41	2 313	72 388	2 335
2016 年 2 月	25 115	1 139	9 668	3 147	2 021	2 153	16	2 504	58 455	2 016
2016 年 3 月	27 978	2 872	13 109	6 723	4 076	9 591	88	2 797	109 221	3 523
2016 年 4 月（截至 4 月 17 日）	17 896	1 901	6 896	3 850	2 358	7 430	95	1 792	72 385	4 258

注：车辆换算系数按照交通运输部《关于调整公路交通情况调查车型分类及折算系数的通知》（厅规划字〔2010〕205 号）中规定的数值。

交通构成如图 3-2 所示，按自然车辆数计，客车、货车、摩托车的比例大致为 62∶32∶6；小型车辆约占 67%，大型车辆约占 28%，其中载重量大于 20 t 的特大型车辆占比接近 9%。

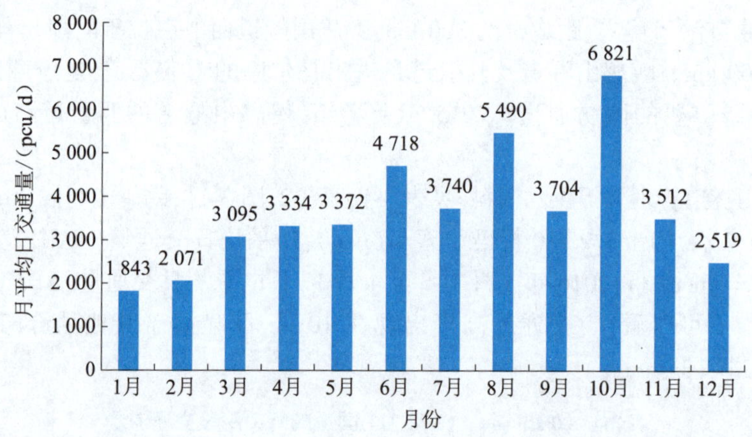

图 3-1　鹧鸪山路段 2015 年各月平均日交通量

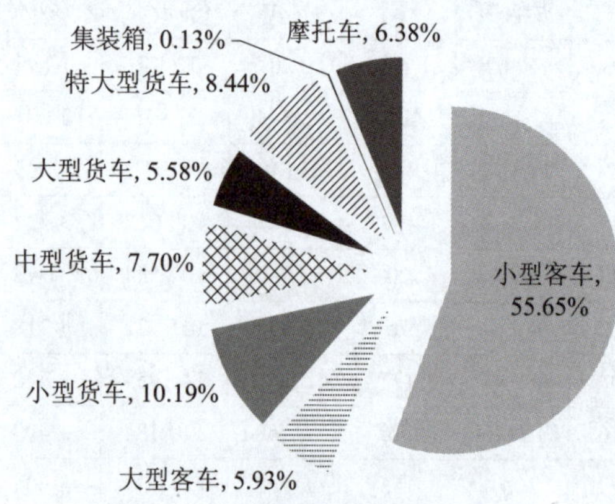

图 3-2　鹧鸪山路段 2015 年交通量构成(自然车辆数)

从各种车型分布的月份看,在 2015 年,10 月和 8 月大型车辆的数量明显高于其他月份,分别占全年大型车辆数的 16% 和 11.8%;小型车数量的高峰月份出现在 8 月、6 月和 10 月,均超过 6 万辆/月。

另外,阿坝州公安局交警支队提供了位于鹧鸪山西引道 K288+600 处卡口监控在 2016 年 4 月 27 日 0 点至 13 点之间引道下坡方向所有车辆的图像资料,据此整理出统计数据见表 3-3。可以看出,统计时间段内,西引道下坡方向主要的车辆构成为小型客车、重型货车和面包车,按自然车辆数计,分别占统计时间内全部车辆数的 48.2%、35.1% 和 8.1%,另有少量大型客车(3.8%)和中型货车(3.6%),摩托车及其他车型的数量几乎可以忽略。

表 3-3　西引道下坡方向 2016 年 4 月 27 日 0 点至 13 点交通量统计　　单位:辆

时间	小型客车	面包车	中型客车	中型货车	大型客车	重型货车	摩托车	装载机
0~1 时	2	2	0	0	0	5	0	0
1~2 时	0	3	0	0	0	10	0	0
2~3 时	0	1	0	0	0	11	0	0
3~4 时	0	0	0	0	0	0	0	0
4~5 时	0	0	0	0	0	11	0	0
5~6 时	0	0	0	0	0	12	0	0
6~7 时	1	1	0	2	0	9	0	0
7~8 时	9	1	0	2	0	14	0	0
8~9 时	34	0	2	2	1	15	0	1
9~10 时	25	7	0	3	1	10	1	0
10~11 时	40	5	1	3	4	18	0	0
11~12 时	43	6	0	2	2	18	0	0
12~13 时	59	10	0	2	9	22	0	0

交通量时间分布如图 3-3 所示，凌晨 3~4 时没有任何车辆通过，0~7 时通过的车辆 83% 都是重型货车(58/70)；7 时之后小型车的数量逐渐增加，大约为重型车数量的 2~3 倍；大型客车通过的高峰时间为 12~13 时，每小时 9 辆。

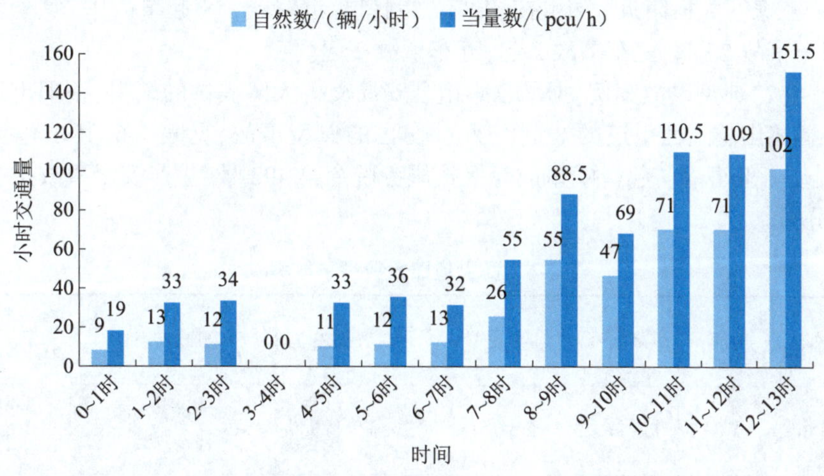

图 3-3　西引道下坡方向 2016 年 4 月 27 日 0 时至 13 时小时交通量变化图

从车辆归属地(依据牌照)来看(见表 3-4)，通过项目路段的车辆绝大部分是阿坝本地车辆和成都市车辆，分别占全部车辆的 1/3 左右，而且成都市的小型车辆多于阿坝本地小型车辆，除阿坝、成都市之外的四川省内车辆占 11.1%，外省车辆占 11.8%，超过 55.7% 的车辆为非阿坝本地车辆。

表 3-4　西引道下坡方向 2016 年 4 月 27 日 0 时至 13 时车辆归属统计　　单位：辆

车　籍	小型车	大中型客车	中重型货车
阿坝藏族羌族自治州	86	14	47
成都市	110	3	32
四川其他地区	23	1	25
重庆市	5	1	0
青海省	2	0	5
甘肃省	0	0	4
其他省份	13	0	22
无号牌/牌照不能识别	11	1	37

2)事故情况

据马尔康市公安局交警大队提供的信息，据不完全统计，鹧鸪山隧道引道建成通车至今，共发生各类交通事故 500 余起，一般程序以上事故 10 起，造成 25 人死亡，180 余人受伤，直接经济损失 610 余万元。为全面掌握西引道的事故特征，项目组收集了近两年的事故报警资料和近些年有重大人员伤亡的典型交通事故资料。

(1)报警事故：根据马尔康市公安局交警大队提供的 2014 年 2 月至 2016 年 5 月的《接

扫一扫

表 3-5 西引道《接(报)处警登记簿》记录的事故列表

(报)处警登记簿》上记录的发生在鹧鸪山隧道西引道上的报警事故信息整理出的事故列表,见表 3-5。该登记簿记录了期间发生在西引道路段上的 58 起事故,其中 28 起事故载明了事故地点桩号,14 起事故只记载发生在引道上,其余事故记载发生在“三家寨大桥附近”“小隧道出口”“洞口附近”等。58 起事故中,单车事故 29 起,双车事故 25 起,三车事故 2 起,五车事故 2 起。

(2)典型事故案例:据马尔康市公安局交警大队提供的资料,整理出近年来发生在鹧鸪山隧道西引道的 8 起有人员伤亡的典型事故,见表 3-6,其中包括重大事故 1 起,一般事故 7 起(注:事故等级按国务院令第 493 号《生产安全事故报告和调查处理条例》划分)。

表 3-6 西引道路段典型事故案例

序号	事故日期	时间	老桩号	新桩号	位置描述	事故形态	路面状况	死亡人数	受伤人数
1	20101022	19:00	K295+920	K290+182	三家寨大桥桥头	重型罐车冲撞挡墙侧翻	干燥	1	0
2	20111221	5:30	K294+050	K287+600*	回头曲线处	重型货车进入弯道向左侧翻冲出护栏	干燥	1	0
3	20120313	12:27	K295+138	K289+400	3·13 事故路段	客车冲出护栏坠车	干燥	15	6
4	20130414	22:55	K295+100	K290+100	三家寨大桥桥头	重型普通货车侧翻撞挡墙	干燥	1	0
5	20140423	22:41	K294+070	K287+620*	回头曲线处	重型货车失控后撞挡墙和对向来车	潮湿	2	3
6	20160404	20:50	—	K289+400	3·13 事故路段	重型罐式货车冲出护栏坠车	—	1	0
7	20160409	4:50	—	K290+100	三家寨大桥桥头	重型半挂车追尾重型普通货车	—	0	3
8	20160410	12:10	—	K290+100	三家寨大桥桥头	轻型普通货车追尾前方车辆	—	1	4

注:* 为根据事故照片等相关信息推测的新桩号。

①典型事故 1:2010 年 10 月 22 日 19 时 10 分,罗某驾驶川 A××××× 凌宇牌大型货车,行驶至鹧鸪山隧道引道西引道下坡方向 K290+182 处(三家寨大桥桥头),车辆撞在三家寨大桥桥头山体保坎上,造成驾驶人当场死亡。

②典型事故 2:2011 年 12 月 21 日 5 时 30 分,杨某驾驶重型川 U××××× 普通货车行驶至鹧鸪山隧道西引道下坡方向 K288+312 处,由于车辆超速、超载,致使车辆在进入弯道时侧翻于公路左侧,车辆向前滑行了 74.5 m,最终翻倒在左侧水泥护栏上。

③典型事故 3:2012 年 3 月 13 日,王某驾驶阿坝州九寨运业公司川 U××××× 大型普通客车(核载 35 人,实载 35 人),从成都沿国道 317 线向马尔康方向行驶,途中 14 人下车,12 时 27 分许,当该车行至马尔康市内国道 317 线 K289+400 处长下坡弯道(小地名:鹧鸪山隧道西洞口小隧洞前)时,车辆与公路左侧混凝土防护栏发生擦挂后冲出路面,坠入 65 m 高的斜坡

下，造成15人死亡（含驾驶人），6人受伤，车辆损毁的重大道路交通事故，如图3-4所示。

扫一扫

图3-4　2012年鹧鸪山隧道西引道“3·13”重大交通事故照片

④典型事故4：2013年4月14日20时55分，张某驾驶川U×××××重型普通货车行驶至鹧鸪山隧道引道西引道下坡方向K290+100处（三家寨大桥桥头），由于驾驶人操作不当，致使车辆侧翻后向前滑行45 m与三家寨大桥桥头挡墙发生碰撞，造成车上1乘员死亡。

⑤典型事故5：2014年4月23日22时41分，邓某驾驶川B×××××重型自卸货车行驶至鹧鸪山隧道西引道下坡方向K288+332处，由于驾驶人在潮湿路面超速行驶且操作不当，车辆失控后撞向右侧挡墙，车辆原地360°旋转向前滑行后又与对向行驶的轿车相撞，造成轿车上2人死亡3人受伤。

⑥典型事故6：2016年4月4日，王某驾驶川R×××××重型罐式货车，从理县向马尔康方向行驶，20时50分，当该车行驶至国道317线K289+400下坡弯道处，撞毁路边水泥护栏后，继续向前行驶12.5 m，坠入高51 m的山下，造成驾驶人当场死亡，车辆严重受损的道路交通事故。

⑦典型事故7：2016年4月9日，王某驾驶宁E×××××重型半挂货车，从理县向马尔康方向行驶，4时50分，当该车行驶至国道317线K290+100下坡处，与前方同向行驶的渝A×××××重型普通货车发生追尾碰撞，造成3人受伤，两车严重受损的交通事故。事故发生后，由于宁E×××××重型半挂货车车头严重变形，无法拖离现场，驾驶人受伤入院导致货物不能及时转运，造成该路段单边通行。

⑧典型事故8：2016年4月10日，王某驾驶川A×××××轻型普通货车，从成都向马尔康方向行驶，12时10分，当该车行驶至国道317线K290+100下坡处，无视事故现场路段交警指挥，径直撞上前方同向缓慢行驶的川U×××××小型轿车尾部，该货车左侧驾驶室同时撞上停靠在公路左侧的宁E×××××重型半挂货车（4月9日无法拖离的事故车辆）右侧尾部，造成川U×××××小型轿车与前方同向行驶的川A×××××小型轿车、川A×××××小型轿车、川A×××××小型轿车发生连续追尾碰撞，川A×××××轻型普通货车继续向前行驶，撞停在川S×××××重型普通货车左前部，造成川A×××××轻型普通货车驾驶人王某当场死亡、4人受伤、7辆车不同程度受损的道路交通事故。

（3）事故特征分析：仅靠从登记簿上收集到的58起事故和8起典型事故不能完整反映事故的状况，但是结合资料情况和与辖区交警的深度交流，可以分析出鹧鸪山隧道西引道事故的如下四个方面的特征：

①冬春季节事故率高：报警事故的月份分布如图3-5所示。在报警记录的58起事故中，有37起事故发生在10月至次年的3月，占总数的64%，而这6个月的交通量在2015年只占全年的44%；冬春季节中，12月份的事故最多，达到13起，占总数的22.4%，而2015年12月的交通量只占全年的5.6%。发生在冬春季节的37起事故中，有20起是单车事故（占54%），占全年单车事故的69%。

冬春季节事故率高，特别是单车事故率高的主要原因是西引道路段地处高海拔地区，在冬春季节路面容易积雪或存在暗冰，不熟悉路况的驾驶人容易放松警惕，速度控制不当，进而发生事故。

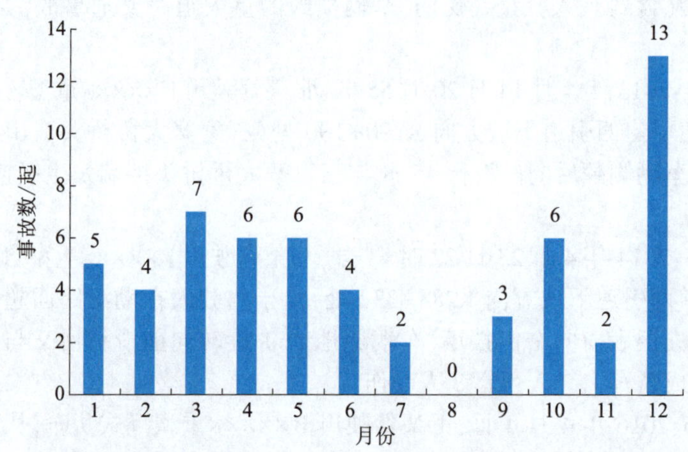

图 3-5 事故月份分布情况(据 2014 年 2 月至 2016 年 5 月事故报警记录)

②重型车辆失控侧翻、追尾、坠车事故多、死亡率高：课题组收集到的 8 起典型重大事故无一例外都与重型车辆(重型货车和大型客车)有关，重型车辆的单车事故或事故主因是重型车辆。8 起典型事故中，有 2 起事故是车辆失控后撞右侧挡墙后侧翻，有 1 起事故是车辆失控后撞右侧挡墙再侧翻与对向车辆碰撞，有 3 起事故是车辆失控后在弯道处向左侧翻冲出护栏坠车，有 2 起是车辆失控后直接追尾前方车辆。

鹧鸪山隧道西引道路段设计速度 40 km/h，全长 4. 355 km。路线纵断面最大纵坡 6%，3 km 路段最大平均纵坡 5. 203%；平面线形有 22 个交点，平曲线总长 3. 7 km，占路线比例 85%，平曲线最小半径 100 m。在这种长大下弯坡路段行驶，对于重型车辆，一方面长时间制动，制动器温度容易急剧上升，容易突破车辆制动系统极限，导致制动性能减弱或失效；另一方面如果驾驶人对长大下弯坡危害性认识不足未能有效地控制速度，加之车辆存在超载或机械安全隐患，在多方面因素作用下，车辆就极其容易失控追尾前方车辆或在弯道处侧翻。

另外，8 起典型事故中，共造成 22 人死亡、16 人受伤；其中 2012 年 3 月 13 日大型客车冲出护栏坠车的事故造成 15 人死亡，6 人受伤，震惊全国。重型车辆事故死亡率高的主要原因是重型车辆车货质量往往达到几十吨，失控之后的惯性极大，不管是碰撞山体后侧翻还是侧翻后坠车，或者与小型车辆相撞，都容易使车辆产生较大变形或将驾乘人员抛出车外，导致驾乘人员死亡。

③存在明显的事故多发段：事故的发生表面上是偶然的，但是将报警事故和典型事故的位置信息标注在路线上，可以发现在西引道上存在 4 处明显的事故多发段(见图 3-6 和表 3-7)。第一段位于十字梁隧道之前的回头曲线弯道路段，桩号大致范围为 K287+300～K287+620；第二段位于十字梁隧道出洞后至十字口中桥之间的 S 形曲线弯道上，桩号范围大致为 K288+000～K288+330；第三段位于“3·13 事故”弯道处，桩号范围大致为 K289+250～K289+450；第四段位于接近长下坡的坡底、邻近三家寨大桥的曲线路段，桩号范围大致为 K290+000～K290+200。

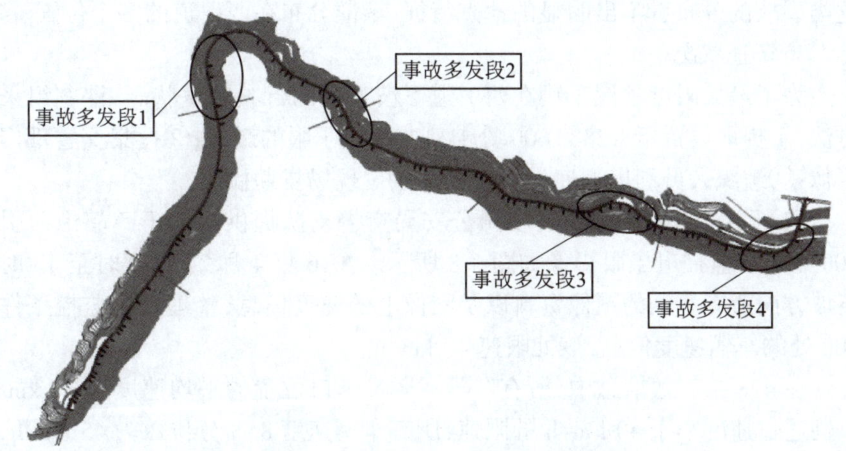

图 3-6　西引道路段事故多发段标示图

表 3-7　事故多发段事故数量分布

序号	路　段	位 置 描 述	报警记录中的事故数量	典型案例中的事故数量
1	K287+300 ~ K287+620	十字梁隧道之前	1	2
2	K288+000 ~ K288+330	十字梁隧道至十字口中桥之间	12	0
3	K289+250 ~ K289+450	“3・13 事故”弯道	5	2
4	K290+000 ~ K290+200	长下坡坡底	10	4
5	有明确标注的其他位置	—	11	0
6	未明确标注事故位置	—	19	0

在明确标注事故位置的 39 起事故中，发生在这 4 个事故多发段的事故有 28 起，占 72%；8 起典型事故均分布在这 4 段内。虽然第一段和第三段在事故数量上不是特别突出，但是这两段均容易发生重型车辆失控侧翻冲出路侧护栏的事故，造成重大人员伤亡和财产损失，震惊全国的“3・13 事故”就发生在第三段。第二段在冬春季节由于冰雪和暗冰的作用，容易发生小型车辆侧滑的事故，事故频率较高，但事故后果相对较轻。第四段由于处于长大下坡坡底，并且在坡底是一个 100 m 小半径的曲线，不仅出现了较多制动失效追尾的事故，同时也出现了较多的重型车辆侧翻的事故。

④占道超车造成的擦挂、碰撞事故多：西引道路段事故类型分布饼图，如图 3-7 所示。在 58 起报警事故中，除了单车事故最多外，两车擦挂和两车相撞的事故形态最多，分别占总数的 22% 和 12%，合计 34%。这些事故的直接原因是其中一方车辆在没能保证足够超车视距的情况下违法变道、占道超车的过程中，与迎面而来的车辆发生擦挂或直接碰撞。

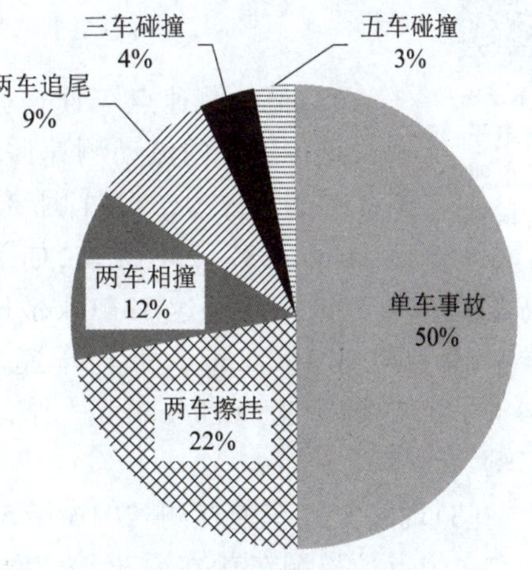

图 3-7　西引道路段事故类型分布饼图

扫一扫

图 3-8 K288+600 测速电子眼

扫一扫

图3-9 K288+600 测速电子眼影像(车速 45 km/h)

扫一扫

图 3-10 K288+600 测速电子眼影像(车速 77 km/h)

扫一扫

图 3-11 K288+600 测速电子眼影像(车速 55 km/h)

这类事故的分布看不出明显的地点特征,零散分布在西引道的多个位置。

3)车速状况

为了最大限度掌握车辆在西引道下坡方向的行驶速度状况,课题组采取了三种方法:①提取设置于 K288+600 处卡口监控电子眼的影像;②搜集交警部门流动测速影像;③组织人员利用测速设备在相关点位现场复勘检测。

(1)固定测速点车速:阿坝州公安局交警支队提供的位于鹧鸪山西引道 K288+600 处卡口监控电子眼影像如图 3-8 所示。2016 年 4 月 27 日 0 时至 13 时之间引道下坡方向所有车辆的图像资料以及图像上的速度信息,整理出有监控条件下 K288+600 处的车辆速度信息,该处限速 40 km/h。

在 428 条有效信息中,所有车辆在通过卡口位置的平均速度为 37 km/h,73% 的车辆通过速度小于 40 km/h 的限速,所有车辆速度 85% 分位数为 45 km/h,最大速度为 77 km/h。大型客车的平均速度为 37.3 km/h,最大速度为 45 km/h,如图 3-9 所示;小型车的平均速度为 40.4 km/h,最大速度为 77 km/h,如图 3-10 所示;中型车的平均速度为 35.6 km/h,最大速度为 48 km/h;重型货车的平均速度为 31.5 km/h,最大速度为 55 km/h,如图 3-11 所示。所有车辆速度直方图及累积概率图,如图 3-12 所示。所有车辆速度散点图,如图 3-13 所示。

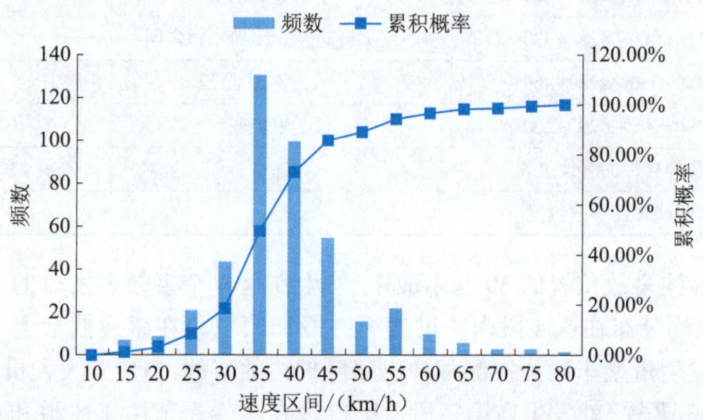

图 3-12 西引道下坡方向 K288+600 处所有车辆速度直方图及累积概率图

(2)流动测速点车速:马尔康市交警大队向课题组提供了 3 组近期在西引道相关点位进行的流动测速照片,分别为 2015 年 11 月 20 日在 K286+800 点位,如图 3-14 所示;2016 年 1 月 31 日在 K286+800 点位,如图 3-15 所示;2016 年 4 月 15 日在 K287+250 点位,如图 3-16 所示。第一组数据样本量较小,只有 5 辆车,最高车速 68 km/h,平均车速 53.1 km/h。第二组数据与第一组数据为同一点位,共有 23 个样本,最高车速 100 km/h,平均车速 76.8 km/h。第三组数据共有 17 个样本,最高车速 84 km/h,平均车速 76.7 km/h。所有样本数据均为小型车辆,未包含中型车辆或大型车辆。

(3)现场复勘车速检测:2016 年 5 月 28 日,课题组组织调查人员利用手持式雷达测速仪在 3 个点位检测车辆在通过该点位的行驶速度,如图 3-17 所示。分别位于 K287+400、

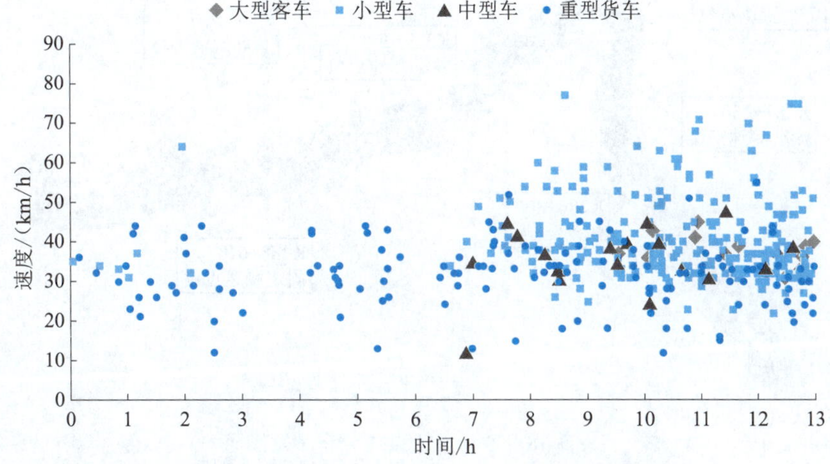

图 3-13　西引道下坡方向 K288+600 处所有车辆速度散点图

图 3-14　K286+800 流动测速影像（车速 68 km/h）

图 3-15　K286+800 流动测速影像(车速 100 km/h)

图 3-16　K287+250 流动测速影像(车速 84 km/h)

图 3-17　现场复勘手持式雷达测速

K289+360、K290+050，如图 3-18 所示。通过调查，共获得 261 个样本数据，其中 K287+400 点位获得 74 个样本，K289+360 点位获得 82 个样本，K290+050 点位获得 105 个样本，见表 3-8。

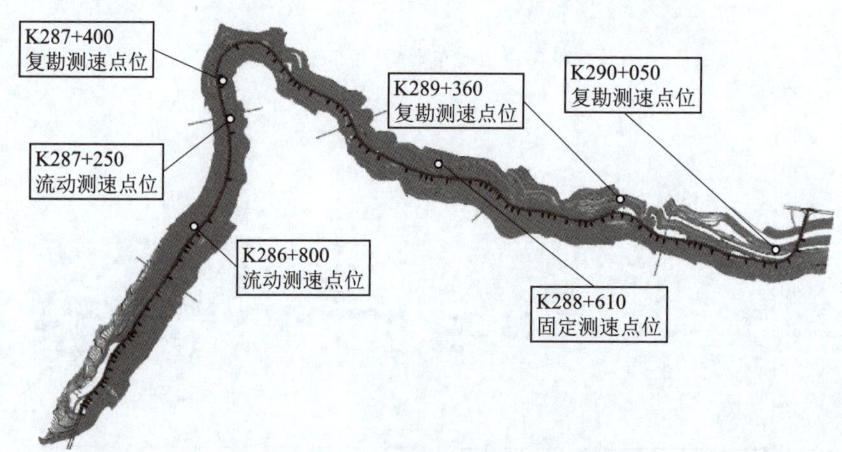

图 3-18 各种测速点位分布示意图

表 3-8 复勘测速结果主要数据

测速点位	车辆类型	样本数量	最大车速/(km/h)	最小车速/(km/h)	平均车速/(km/h)	85%分位车速/(km/h)
K287+400	大货车	13	44	10	30.2	37
	大客车	17	55	33	41.3	46
	小型车	44	84	23	55.7	69
K289+360	大货车	34	50	19	34.1	42
	大客车	5	58	45	51.4	55
	小型车	43	69	34	52	64
K290+050	大货车	38	51	22	34.9	47
	大客车	5	52	43	49.2	50
	小型车	62	64	35	48.8	55

复勘测速结果显示,K287+400 点位大小车型的行驶速度差异较大,超过 20 km/h,K289+360 点位大小车型的行驶速度差异为 20 km/h 左右,K290+050 点位大小车型的速度差异小于 15 km/h。大货车在三个点位的平均速度均小于 40 km/h,大客车的平均速度均超过 40 km/h,小型车的平均速度为 50 km/h 左右。从 85%分位车速来看,小型车在 K287+400 和 K289+360 点位分别达到 69 km/h 和 64 km/h,远超出道路的设计速度;大客车在三个点位的 85%分位车速均介于 40~50 km/h,略大于设计速度;大货车在前两个点位的 85%分位车速与设计速度基本相符,在 K290+050 点位则略大于设计速度。

4）载重状况

由于没有称重条件,无法获取车辆的载重质量。在马尔康交警大队梭磨中队的配合下,课题组人员拦截西引道下坡完毕的货车进行制动鼓温度测量,记录每辆货车的载货情况,共获得 67 个样本数据,其中只有 5 辆车没有载货,载货率为 92.5%。

5) 大型车辆制动鼓温度检测

2016 年 5 月 27 日，在马尔康交警梭磨中队民警的配合下，课题组研究人员使用福禄克(fluke)Ti125 热成像仪(见图 3-19)在三家寨大桥桥头对下坡完毕的大型车辆的制动鼓温度进行检测(见图 3-20)，同时记录车辆的类型、载重(与否)、淋水(与否)、牌照属地等，共检测 67 辆大型车辆，获得 242 个制动鼓温度数据。

图 3-21 所示为热成像仪测量制动鼓温度的成像画面。

测得的温度数据表现出如下特征：

(1) 制动鼓处于高温状态的车辆比例不低。各单车制动鼓温度的最大数值直方图如图 3-22 所示，可以看出，绝大部分车辆制动鼓温度低于 300 ℃，有两辆(占 3%)的制动鼓温度超过 300 ℃，达到 330 ℃；制动鼓温度超过 250℃的车辆占 13.4%；制动鼓温度超过 200 ℃的车辆占 27%。温度较高的制动鼓均为载重且未淋水的制动鼓。

扫一扫

图 3-19　热成像仪

扫一扫

图 3-20　对大型车辆制动鼓温度进行检测

扫一扫

图 3-21　热成像仪测量制动鼓温度的成像画面

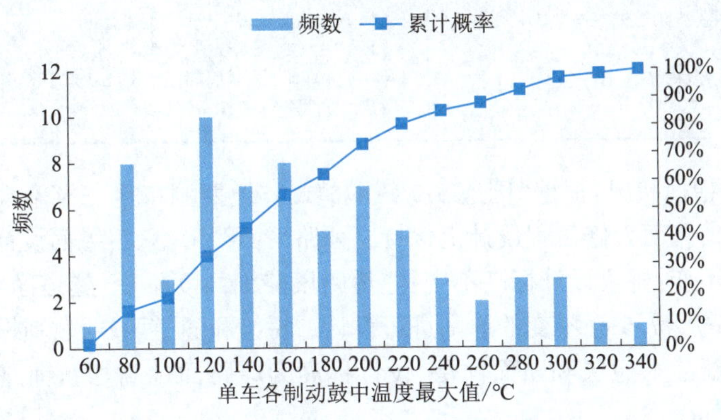

图 3-22　单车各制动鼓温度最大值直方图

(2) 同轴左右制动鼓温度差较大的不在少数，如图 3-23 所示。检测数据表明，有 1.5% 的车辆同轴左右制动鼓的温度差大于 200 ℃，有 3% 的车辆制动鼓温度差大于 150 ℃，有 13.4% 的车辆制动鼓温度差大于 100 ℃，有 33% 的车辆制动鼓温度差大于 50 ℃。造成这种差异的原因一方面是由于同一车辆有些制动鼓在淋水，有些没有；另一方面是由于车辆制动系统制动力分布不均匀。

2. 道路路线安全隐患分析

1) 道路路线设计状况

鹧鸪山隧道及其引道于 2004 年 12 月竣工通车，并于 2015 年上半年对鹧鸪山隧道西引道路面进行了大修。课题组通过查阅这两次工程的技术资料，获得道路设计中的路线和路面状况，称 2004 年的竣工资料为“原设计”，2015 年的路面改造为“大修改造”。

(1) 原设计技术指标状况：根据“国道 317 线，鹧鸪山隧道及其引道工程施工图设计”文件和“国道 317 线，鹧鸪山隧道及其引道工程竣工验收报告”，本路段主要技术指标见表 3-9。

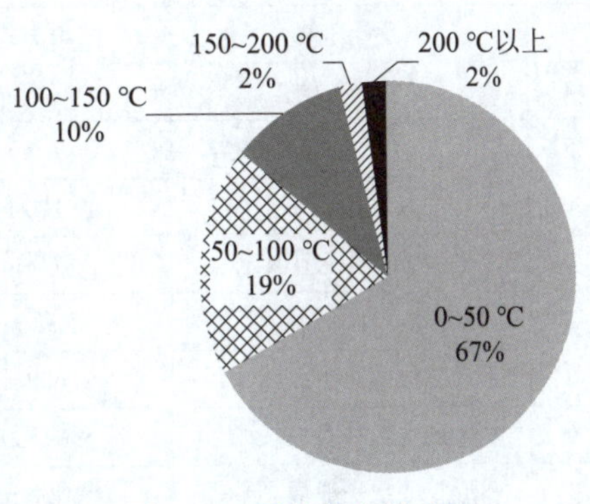

图 3-23　同轴左右制动鼓温度差分布

表 3-9 主要技术指标的运用情况(原设计)

设 计 标 准	主要技术指标采用
(1)公路等级:隧道及引道工程为二级公路山岭重丘区标准 (2)设计行车速度:40 km/h (3)隧道限界:净宽 9.0 m(即 7.5 m+2×0.75 m)、净高 5.0 m,应急停车带宽 3.5 m,有效长度≥30 m (4)平导及横通道界限:净宽 5.0 m,净高 4.5 m (5)隧道卫生标准 ①CO 允许浓度:正常营运时为 0.02%,交通阻滞时阻滞段为 0.03%,历时≤20 min。 ②烟尘允许浓度:正常营运时为 0.009 m^{-1},交通阻滞时为 0.009 2 m^{-1} (6)最小平曲线半径:一般值为 100 m、极限值为 60 m (7)最大纵坡:6% (8)路基宽度:(0.75+3.5+3.5+0.75) m=8.5 m (9)停车视距:40 m (10)设计载荷:汽车为 20 级;挂车为 100 级 (11)地震基本烈度:Ⅶ度	(1)设计远景交通量:2 676 辆/昼夜 (2)平曲线最小半径:100 m/1 个 (3)平曲线占路线比例:总长 4 078.668 m,占路线比例 45.33% (4)直线最大长度:4 227.054 m(隧道内) (5)路线增长系数:1.329 (6)平均交点数:2.558 个/km (7)最大纵坡:6%,2 930 m/6 处 (8)最短坡长:120 m (9)竖曲线最小半径:凸形 1 200 m/1 个,凹形 1 900 m/1 个 (10)竖曲线占路线比例:总长 2 235.872 m,占路线比例 24.849% (11)纵坡变更次数:1.778 次/km (12)3 km 路段最大平均纵坡:5.203% (13)标准轴载累计作用次数:2 382 898 次/车道 (14)桥面净宽:7.0 m

(2)大修改造技术指标状况:根据“国道 317 线鹧鸪山隧道西洞口至三家寨大桥段大修工程”设计文件(2014 年),路面大修工程设计上保持原公路平面线形不变;纵面设计标高按原公路基本不变;桥梁宽度不变;桥梁设计标高不变;隧道路段路面高度不变,隧道净空不变,路基宽度 8.5 m 不变;路面宽度 7.5 m 不变的原则进行设计。桥梁和隧道两端设挖补过渡段,其余路段挖除路面板后,再新铺水稳层和路面面层,设计标高为原路面标高加新铺路面结构层厚度,路面标高增加 0.25 m。

大修工程设计平面采用拟合旧公路中线作为设计中线,保持原公路平面线形不变。仍然采用原公路设计标准,设计速度 40 km/h,主要技术标准见表 3-10。

表 3-10 鹧鸪山隧道西引道主要技术指标表

序号	项 目	标 准	序号	项 目	标 准
1	地形类别	山岭重丘	11	凹形竖曲线一般最小半径	700 m
2	公路等级	二级		凹形竖曲线极限最小半径	450 m
3	设计速度	40 km/h	12	竖曲线最小长度	35 m
4	路基宽度	8.5 m	13	汽车载荷等级	新建为公路-Ⅱ级
5	路面宽度	7.5 m	14	设计洪水频率(大中桥)	1/100
6	平曲线一般最小半径	100 m	15	小桥涵及路基	1/50
	平曲线极限最小半径	60 m	16	路面结构类型	厚沥青混凝土
7	最短超高缓和曲线长度	35 m	17	路拱横坡	2%
8	不设超高最小平曲线半径	600 m	18	最大超高(按冰雪路)	6%
9	最大纵坡及坡长	8%/300 m	19	超高方式	绕中线旋转
10	凸形竖曲线一般最小半径	700 m	20	超高渐变率	1/150
	凸形竖曲线极限最小半径	450 m	21	路线设计标高	建成后中线路面顶面标高

路面面层采用具有高温抗变形、低温抗裂性能、抗车辙能力较好的SBS改性沥青混凝土。其中，K281+160.23~K281+542、K287+902~K288+381.8、K290+270.9~K288+316.89路段，先将路面病害挖除，用贫混凝土基层进行补强，然后直接加铺4 cm厚SBS改性沥青混凝土表面层+6 cm厚中粒式粗型密级配沥青混凝土（AC-20C）下面层。其余路段采用先破碎原水泥混凝土路面后挖除，铺筑20 cm水泥稳定碎石底基层+20 cm水泥稳定碎石基层，再铺4 cm厚SBS改性沥青混凝土表面层+6 cm厚中粒式粗型密级配沥青混凝土（AC-20C）下面层。

由于K287+420~K288+381.8路段冬季路面凝冰严重，影响行车安全，可在表面层细粒式粗型密级配SBS改性沥青混凝土（AC-13C）中添加抗暗冰填料以缓解-6 ℃以上的路面暗冰。

鹧鸪山隧道、十字梁隧道路面为水泥混凝土，经多年使用，部分路面破损，主要病害为面板开裂，为恢复道路使用功能，对损坏路面进行修复。挖除原水泥混凝土路面面层和基层，采用25 cm厚水泥混凝土面层+20 cm厚贫混凝土基层，纵缝设拉杆，横缝设传力杆，设置角隅钢筋加强板角。

2）道路线形安全隐患分析

（1）道路线形概况：项目路段（隧道西出口至三家寨大桥）为山岭、重丘二级公路设计标准，设计速度40 km/h，全长4.35 km，平曲线最小半径100 m/个，平均每千米交点数5.05，平曲线占路线总长度85.13%，最大纵坡6%/6处，总竖曲线长1.633 km，竖曲线占路线总长37.5%，竖曲线最小半径凸形1 600 m，凹形2 000 m。平均每千米纵坡变更3.2次。

（2）平面线形安全性评价：

①直线对交通安全的影响。直线是道路平面线形的基本要素之一，具有方向明确、布线容易、距离短等特点，在线形设计中使用频率高。一般来说，直线段过长或者过短都会使事故发生率升高。直线段长度过短使驾驶人转弯操作频繁，工作强度大，同时会导致线形变化过快，容易诱发事故。其中，同向曲线之间连接短直线容易形成“断背曲线”，“断背曲线”的错觉：当直线较短时，在视觉上容易形成直线与两端曲线构成反弯的错觉；当直线过短甚至会把两个曲线看成是一个曲线。“断背曲线”的危害：破坏了线形的连续性，造成驾驶人操作失误。

反向曲线之间连接短直线：驾驶人在反向曲线间的直线路段上行驶，反向曲线之间的直线过短，对于有超高、加宽的反向曲线，将不能实现反向变化的平稳过渡，如果行车速度较高而驾驶人调整操作的反应时间内通过的距离又较短，会导致驾驶人操作不及时而产生交通事故。

项目路段曲线多，线形复杂，共设平面转角22个，其中设计有7段直线，其余曲线以S曲线和复曲线形式出现。原设计采用的交通行业建设标准《公路路线设计规范》（JTJ 011—1994）第7.2.3条，以及本整改项目执行时的现行交通行业工程标准《公路路线设计规范》（JTG D20—2006）[①]第7.2.2条规定：当车速小于或等于40 km/h时，可以参照“当计算行车速度>60 km/h时，同向曲线间最小直线长度（以m计）以不小于行车速度（以km/h计）的6倍为宜；反向曲线间最小直线长度（以m计）以不小于行车速度（以km/h计）的2倍为宜”的规定执行。因此，同向曲线之间最小直线长度以不小于240 m为宜；反向曲线间最小直线长度以不小于80 m为宜。项目直线统计分析表见表3-11，项目路段直线偏短处位置示意图如图3-24所示。

---

① 由于案例背景为2016年，当时现行交通行业工程标准《公路线路设计规范》为2006版，当前现行标准为JTG D20—2017。

表 3-11　项目路段直线统计分析表

序号	直线起点	直线终点	曲线类型	直线长度/m	规范值/m	结论	隐患分析
1	K287+306. 230	K287+419. 991	反向	113. 761	80	符合	—
2	K287+801. 709	K287+849. 721	反向	48. 012	80	直线长度偏短	影响驾驶操作方便性
3	K287+993. 461	K288+069. 447	反向	75. 985	80	直线长度偏短	影响驾驶操作方便性
4	K288+378. 543	K288+498. 727	同向	120. 184	240	直线长度偏短	易形成"断背曲线"
5	K288+661. 657	K288+755. 646	反向	93. 989	80	符合	—
6	K289+316. 175	K289+321. 292	反向	5. 118	80	直线长度偏短	影响驾驶操作方便性
7	K289+936. 014	K290+009. 701	同向	73. 687	240	直线长度偏短	易形成"断背曲线"

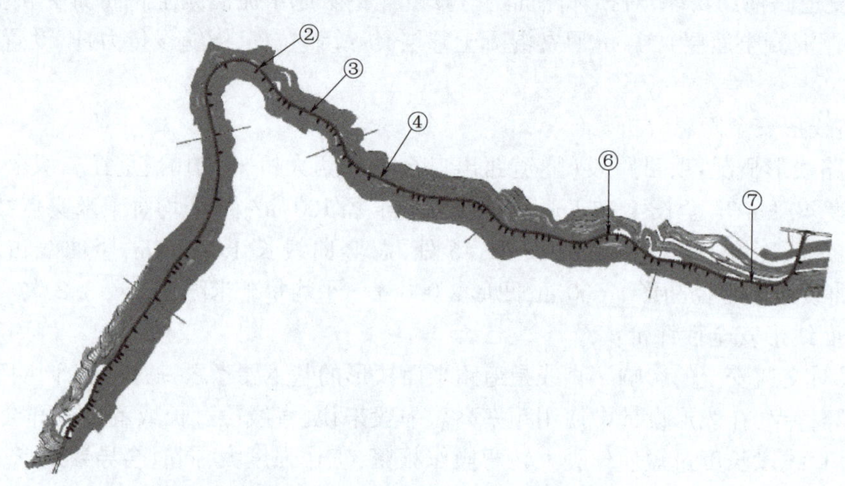

图 3-24　直线段长度偏短处位置示意图

②平曲线对交通安全的影响。平曲线与交通事故的关系很大。在圆曲线上，车辆由于受到离心力的作用容易向外侧侧滑和倾翻。车速越高，离心力越大，这样对车辆的安全行驶会产生不利影响，降低车辆的稳定性和安全度。另外，由于在曲线上行驶造成前方视距缩短，影响驾驶人的视距，使他们不能提前观察到前方转弯处的车辆情况。驾驶人在开始进入弯道之前未及时降低车速引起车辆驾驶状态的突变或是进入弯道后急剧减速，容易导致驾驶人错误操作，增加事故发生的可能性，速度差越大，事故率越高，后果越严重。尤其在夜间行车，因灯光照射不是顺着曲线的，很难发现前方的情况，所以增加了发生交通事故的潜在危险性。

圆曲线：由车辆行驶理论可知，车辆行驶的横向稳定性先于纵向稳定性。因此，平曲线半径值按照车辆行驶的横向稳定性（滑移、倾覆）而确定。其最小值按车辆在弯道外侧行驶时所受的离心力和车重在平行于路面方向的分力等横向力决定，以不超过由轮胎与路面间的横向附着力所能承受的程度为限，并考虑乘车人员是否舒适而定。曲线半径越小，离心力就越大，更有可能使车辆横向滑移或侧身倾覆。

项目路段共设平曲线 22 个，平均每千米 5. 05 个曲线。平曲线最小半径 100 m（JD24），缓和曲线最小长度为 35 m。按设计速度 40 km/h，无小于极限半径（60 m）的圆曲线，见表 3-12。

表 3-12　本项目曲线半径分析表

序号	技术标准	地形条件	公路等级	设计车速/(km/h)	一般最小半径/m	极限最小半径/m	不设超高的圆曲线最小半径/m
1	《公路路线设计规范》(JTJ 011—1994)	山岭重丘	二级	40	100	60	600
2	《公路路线设计规范》(JTG D20—2006)	地形地质条件复杂山区	二级	40	100	60	600(i≤2%)800(i>2%)
3	本项目属于山岭重丘,二级公路,设计车速 40 km/h,平曲线最小半径 100 m(JD24),不设超高最小半径 628.54(JD21,i=2%),因此,本项目曲线半径符合规范要求。						

注:表中 i 为路拱。

虽然本路段单个曲线半径满足设计规范要求,但本项目曲线数量多,曲线集中度大,路线弯道多,对车辆行驶不利。

缓和曲线:缓和曲线可使驾驶人匀速转动方向盘,车辆以一定的速度由直线驶入圆曲线,与圆曲线驶入直线或由一曲线驶入另一曲线的轨迹相符,以保证驾驶人从容驾驶和乘车舒适,用 3 s 行程作为缓和曲线最低限度的控制值,符合视觉和线形美学上的要求,使线形美观协调,缓和人体对离心力的不适,能够有效减少交通事故的发生。

本项目缓和曲线最小长度为 35 m,最大缓和曲线长度为 70 m。缓和曲线长度符合设计规范。

曲线超高:为抵消车辆在曲线上行驶时产生的离心力,将路面做成外侧高于内侧的单向横坡的超高形式。合理地设置超高,可以全部或部分抵消离心力,提高车辆行驶在曲线路面上的稳定性与舒适性。但道路超高设计不当或未设超高可能引起侧滑交通事故。

本项目中平面圆曲线半径小于 600 m 时,设置超高缓和段,超高方式采用绕公路中心线旋转,超高渐变率采用 1/150。表 3-13 为国家规范对超高及其缓和段长度的相关要求;本项目曲线超高、缓和段长度、加宽值及曲线长度统计分析见表 3-14,超高缓和段偏短的位置示意图如图 3-25 所示,有两处超高缓和段长度偏短。

表 3-13　国家规范对超高及其缓和段长度的相关要求

序号	山岭重丘,二级公路,v=40 km/h,积雪冰冻地区					
1	圆曲线半径 R/m	<600~360	<360~230	<230~150	<150~90	<90~60
2	超高值 e/%	2	3	4	5	6
3	超高缓和段 Lc/m	250	30	35	40	45

注:《公路路线设计规范》(JTJ 011—1994),二级公路,山岭重丘,不设超高圆曲线最小半径 600 m。

扫一扫

表 3-14　本项目曲线超高、缓和段长度、加宽值及曲线长度统计分析表

加宽:机动车辆在曲线道路上行驶时,各个车轮驶过的轨迹半径都不相同,车厢所占宽度比在直线上行驶时宽;另外,前轴中心的轨迹不完全符合理论轨迹,按行车速度的不同,有一定的摆动和偏移,因此,弯道的路面需要加宽。通常情况下,采用交通标线严格划分车道线的路面,无论是何种断面形式,均应考虑加宽,相关要求见表 3-15。

本项目设计采用三类加宽,当平曲线半径小于或等于 250 m 时,设计加宽缓和段,加宽缓和段位置与超高缓和段的位置相同。

平曲线长度:公路平曲线一般情况下应具有设置回旋线和一段圆曲线的长度。平曲线最小长度不应小于 2 倍缓和曲线长度。根据交通行业建设标准《公路路线设计规范》(JTJ 011—1994),二级公路,山岭重丘,平曲线最小长度为 70 m。根据交通行业工程标准《公路路线设计规范》(JTG D20—2006),设计车速 40 km/h,平曲线一般值为 200 m,最小长度为 70 m。本项目平曲线长度均满足最小长度要求,但长度普遍偏短,导致曲线数量多,车辆转向频繁。

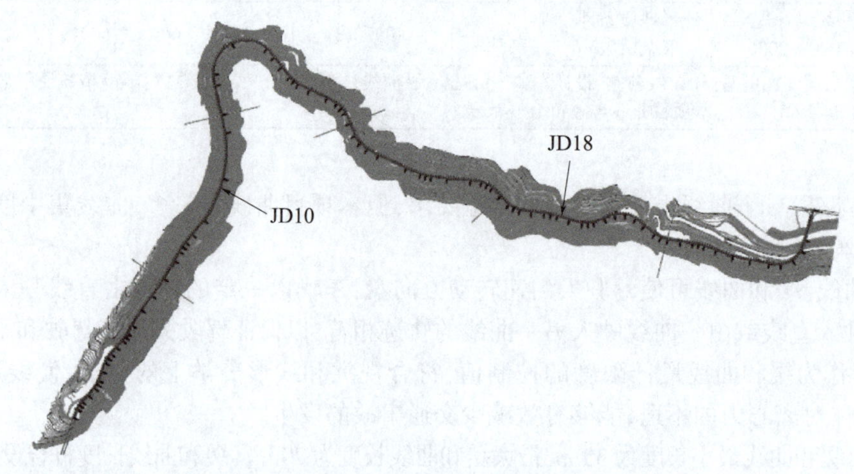

图 3-25 超高缓和段偏短的位置示意图

表 3-15 国家规范对双车道路面加宽值的相关要求 单位:m

加宽类别	汽车轴距加前悬	圆曲线半径								
		250~200	<200~150	<150~100	<100~70	<70~50	<50~30	<30~25	<25~20	<20~15
1	5	0.4	0.6	0.8	1.0	1.2	1.4	1.8	2.2	2.5
2	8	0.6	0.7	0.9	1.2	1.5	2.0	—	—	—
3	5.2+8.8	0.8	1.0	1.5	2.0	2.5	—	—	—	—

(3)纵断面线形安全性评价:道路纵断面线形要素主要包括坡度、坡长、竖曲线半径等。纵断面线形对交通安全的影响十分显著,往往是导致事故的直接原因。汽车的爬直坡能力是限定纵坡大小的一个重要因素。由于各种车辆构造、性能、功率不同,其爬坡能力差异较大,纵坡大小对载重汽车的影响尤为明显。上坡时,若坡长过长,爬坡时会使汽车水箱出现沸腾,以致车辆前进缓慢无力,机件磨损增加,驾驶条件恶化,甚至导致发动机熄火。若汽车轮胎与道路表面摩擦力不够会引起车轮空转打滑,甚至出现后滑的危险,发生交通事故。沿长陡坡下行时,由于需要长时间减速、制动,也会造成制动器发热失效或烧坏,从而导致交通事故。本项目最大纵坡分析见表 3-16。

①坡度:国内外研究一致认为,道路纵坡对交通安全影响非常大,尤其当坡度比较大时,事故明显增加。其中,大桥的纵坡不宜大于 4%,桥头引导纵坡不宜大于 5%;隧道内纵坡不应大于 3%且不小于 0.3%,短于 50 m 的隧道纵坡不受此限。

表 3-16　本项目最大纵坡分析表

序号	技术标准	地形条件	公路等级	设计车速/(km/h)	最大纵坡	相对高差为200~500 m	高差大于500 m	任意连续3 km
1	《公路路线设计规范》(JTJ 011—1994)	山岭重丘	二级	—	7%	平均纵坡不应大于 5%	平均纵坡不应大于 5%	平均纵坡不应大于 5.5%
2	《公路路线设计规范》(JTG D20—2006)	地形地质条件复杂山区	—	40	7%	平均纵坡不应大于 5.5%	平均纵坡不应大于 5%	平均纵坡不应大于 5.5%
3	本项目属于山岭重丘,二级公路,设计车速 40 km/h,共设变坡点 14 个,最大纵坡 6%/6 段、最大坡长 660 m,平均纵坡 4.996%,任意 3 km 路段最大平均纵坡 5.203%。设计符合规范要求。							

注:海拔位于 3 000~4 000 m 的公路,设计纵坡折减 1%。

② 坡长、曲线半径及曲线长度:坡长对交通安全的影响,依赖于坡度对安全的影响。坡长主要起到对坡度影响加强或削弱的作用。主要表现:一是长陡坡造成加速度或减速度的累积,使车速过高或过低而诱发交通事故;二是长纵坡容易使驾驶人对坡度判断失误。

交通行业建设标准《公路路线设计规范》(JTJ 011—1994)中第 9.3.3.3 条规定:“越岭线的纵坡应力求均匀,应尽量不采用极限或接近极限的坡度,更不宜连续采用极限长度的陡坡夹短距离缓坡的纵坡线形。越岭展线不应设置反坡。”交通行业工程标准《公路路线设计规范》(JTG D20—2006)中第 9.3.3 条规定:“越岭线的纵坡应力求均匀,不应采用最大值或接近最大值的坡度,更不宜连续采用不同纵坡最大坡长值的陡坡夹短距离缓坡的纵坡线形。”各级公路最小坡长和坡长限制见表 3-17。本项目道路各段曲线及坡长合规情况见表 3-18。

表 3-17　各级公路最小坡长和坡长限制

技术标准	公路等级	设计车速/(km/h)	最小坡长/m	纵坡坡度4%/m	纵坡坡度5%/m	纵坡坡度6%/m	纵坡坡度7%/m	凸曲线半径/m	凹曲线半径/m	竖曲线长/m
《公路路线设计规范》(JTJ 011—1994)	二级公路(山岭重丘)	—	120	—	<700	<500	<300	700~450	700~450	最小值 35
《公路路线设计规范》(JTG D20—2006)	—	40	120	<1 100	<900	<700	<500	700~450	700~450	一般值 90 最小值 35

竖曲线半径的大小直接影响过渡效果的好坏,对道路交通安全有一定影响,主要体现在竖曲线半径对行车视距的影响。半径越大,行车视距越大,小半径竖曲线往往不能满足视距要求。小半径竖曲线容易造成平、纵组合不合理而使视线不连续。凸形竖曲线会使驾驶人产生悬空的感觉失去行驶方向;凹形竖曲线在夜晚容易造成视距不足,对大型客货车影响更为严重。在小半径竖曲线上行驶会受到竖向离心力作用使驾驶人产生超重或失重感,容易造成驾驶失控。离心力的影响还会造成车辆与路面的摩擦系数减小,影响交通安全;小半径凹曲线底部容易引起排水不良,如果排水设施不足且凹竖曲线位于平曲线的超高过渡段,积水情况会更加严重。竖曲线要保证足够大的半径和足够的长度。

扫一扫

表 3-18　本项目道路各段曲线及坡长合规情况

通过上述分析发现。本项目中,变坡点 K286+131.278、K287+921.278、K288+471.278、

K289+059. 700、K290+230. 020 等五个竖曲线处竖曲线半径满足规范最小半径要求，但由于受到地形条件限制，不满足视距最小半径要求，存在视距不良的位置如图 3-26 所示。

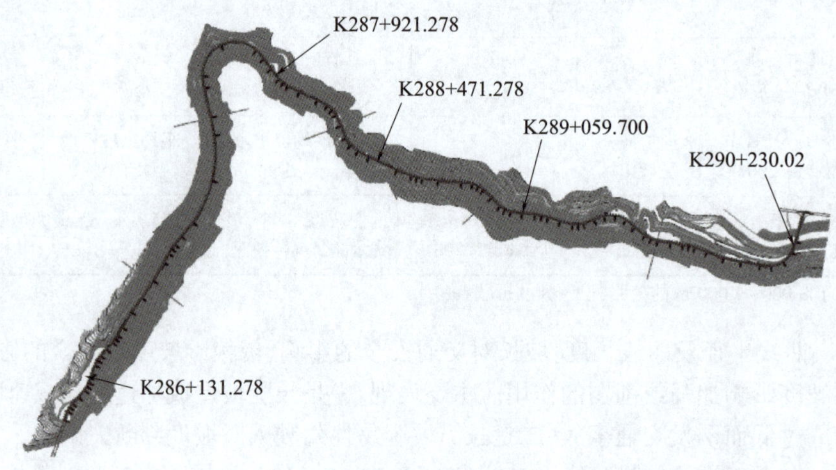

图 3-26　因竖曲线半径偏小而视距不良的位置

本项目中，按原来设计规范，K287 + 921. 278 ~ K288 + 311. 278、K288 + 471. 278 ~ K288 + 841. 278、K289+059. 700 ~ K289+420. 020、K290+230. 020 等四处坡长偏短，坡长过短导致路线起伏变化频繁，影响行车的舒适性和安全性，如图 3-27 所示。

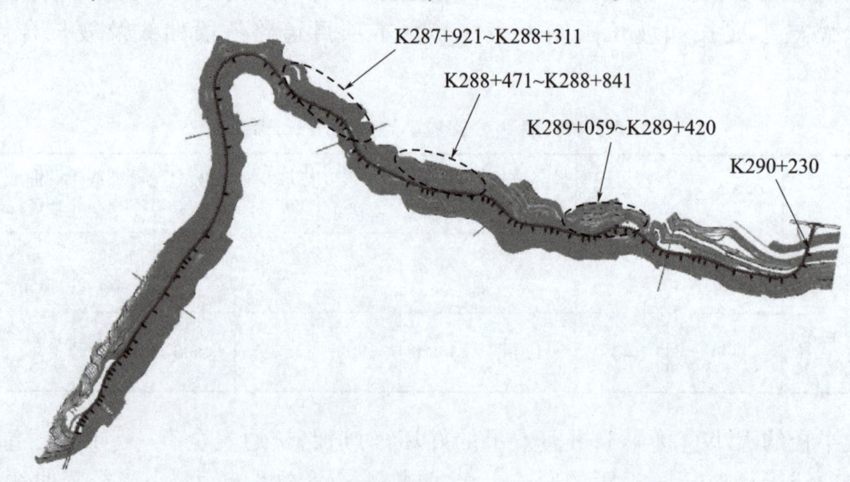

图 3-27　坡长过短导致路线起伏变化频繁的位置

尽管我国公路设计相关技术规范对不同设计车速给出了最大纵坡和坡长限制值，但主要是考虑汽车上坡动力性能，缺少对长、大下坡的安全性考虑，导致在工程设计中，出现符合规范要求的多种“合法、不合理”的纵断面设计。尤其在地形起伏大、地质条件复杂的情况下，必须采用连续纵坡来克服高差，虽然平纵线形指标符合标准和规范要求，但连续长、大下坡路段交通事故发生的概率明显增加，而且重、特大交通事故较多。

(4)平、纵组合线形安全性分析：平纵组合主要指平曲线与竖曲线连在一起时，它们技术指标之间的大小匹配应当均衡，不能一方大而缓而另一方小而急。良好的组合，能在视觉上自然地诱导驾驶人的视线，并保持视觉的连续性，增强公路的效用、安全和路容；组合不当，会失去视觉诱导和心理准备，极易发生交通事故。凸形竖曲线诱导性差，事故率较高；凹形竖曲线路面排水不良，影响行车安全。竖曲线半径为平曲线半径 10～20 倍时，可获得视觉上的均衡性。

从上述统计分析可以发现，本项目多数路段存在平纵线形组合效果不良，协调性较差的现象，容易出现视觉均衡性差，视距条件差，安全隐患突出等缺点（见表 3-19 和图 3-28）。

扫一扫

表 3-19　平纵组合设计分析表

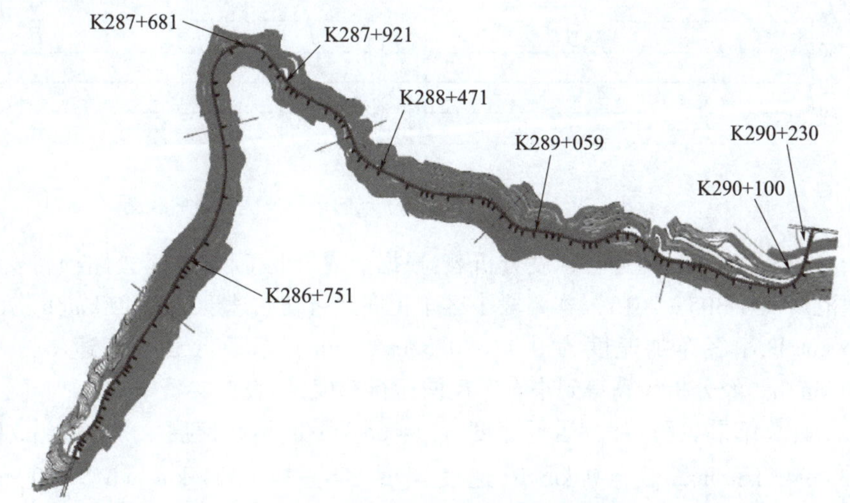

图 3-28　平纵组合不协调位置示意图

3）基于运行车速的道路线形一致性评价

线形设计的一致性，从狭义上主要是指道路线形设计与驾驶人的期望驾驶相适应的特性。从广义上讲是道路各设计要素的改变应该与驾驶行为相匹配。基于设计速度的公路线形设计方法是根据所确定的设计速度确定公路的线形指标值。然而，由于实际运行车速往往并不等于设计车速，甚至会出现较大的差异，由此产生安全隐患。一方面，车辆运行车速在超过设计车速一定程度后，基于设计车速的线形指标往往就不符合实际的运行情况，因而容易发生交通事故；另一方面，相邻路段尽管设计车速的差异符合规范的要求，但实际的运行车速却有可能出现较大差异，因而影响行驶安全。研究表明，线形设计的一致性与交通事故的发生频率有着较强的相关性，一致性强则安全性好，一致性弱则安全性差。

为深入研究本项目设计技术指标、设计车速及车辆运行状态之间的关系，根据交通行业工程标准《公路项目安全性评价规范》（JTG B05—2015）中附录 B 运行车速计算方法的规定，对本项目进行运行车速分析。

扫一扫

表 3-20　本项目路段分析单元划分表

（1）路段分析单元划分：根据交通行业工程标准《公路项目安全性评价规范》（JTG B05—2015）对本项目进行路段单元划分，见表 3-20。

（2）小客车正向运行速度分析表：根据交通行业工程标准《公路项目安全性评价规范》（JTG B05—2015），本路段小客车正向运行初始速度拟为 40 km/h，期望车速为 65 km/h，小型车加速度为 0.15～0.5 m/s^2，小型车最低运行车速 v_{min} 不宜低于

扫一扫

表 3-21 小客车正向运行速度分析表

30 km/h。经分析计算得到小客车正向运行速度，见表 3-21。

计算结果表明，该路段对小客车而言，路段运行速度 v_{max} = 65 km/h，达到其期望车速，运行速度 v_{min} = 30 km/h，Δ_{85max} = −35 km/h，Δ_{85min} = 0 km/h，速度梯度$_{max}$ = −255. 018 km · h^{-1}/100 m，速度梯度$_{min}$ = 0 km · h^{-1}/100 m。分析发现，速度梯度绝对值大于或等于 15 km · h^{-1}/100 m 的相邻路段指标协调性较差，如图 3-29 所示。

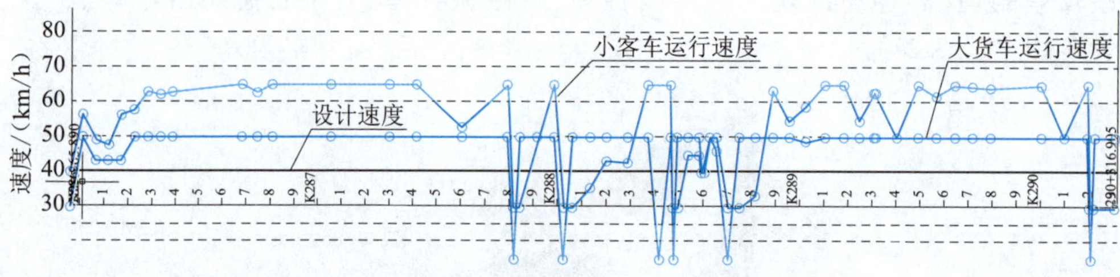

图 3-29 小客车(大货车)正向运行速度分布曲线图

扫一扫

表 3-22 小客车反向运行速度分析表

(3)小客车反向运行速度分析表：根据交通行业工程标准《公路项目安全性评价规范》(JTG B05—2015)，本路段小客车正向运行初始速度拟为 40 km/h，期望车速为 65 km/h，小客车加速度为 0. 15 ~ 0. 5 m/s^2，小客车最低运行车速 v_{min} 不宜低于 30 km/h。经分析计算得到小客车反向运行速度，见表 3-22。

计算结果表明，路段运行速度 v_{max} = 65 km/h，运行速度 v_{min} = 30 km/h，Δ_{85max} = −33. 943 km/h，Δ_{85min} = 0 km/h，速度梯度$_{max}$ = −141. 394 km · h^{-1}/100 m，速度梯度$_{min}$ = 0 km · h^{-1}/100 m。分析发现，速度梯度绝对值大于或等于 15 km · h^{-1}/100 m 的相邻路段指标协调性较差，如图 3-30 所示。

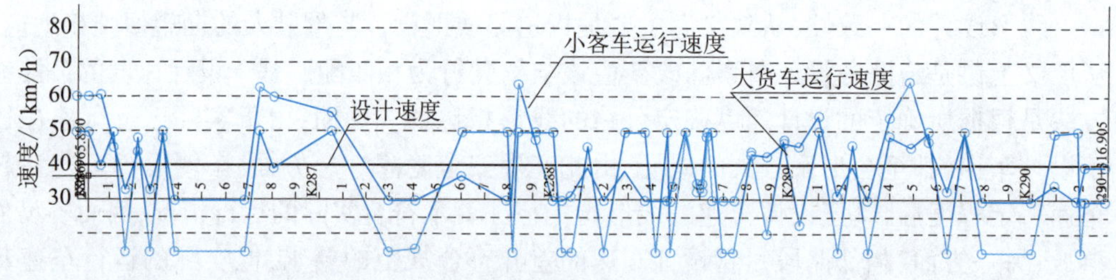

图 3-30 小客车(大货车)反向运行速度分布曲线图

扫一扫

表 3-23 大型车正向运行速度分析表

(4)大型车正向运行速度分析表：根据交通行业工程标准《公路项目安全性评价规范》(JTG B05—2015)，本路段大型车正向运行初始速度拟为 30 km/h，期望车速为 50 km/h，大型车加速度为 0. 2 ~ 0. 25 m/s^2，大型车最低运行车速 v_{min} 不宜低于 15 km/h。经分析计算得到大型车正向运行速度，见表 3-23。

计算结果表明，该路段大型车运行速度 v_{max} = 50 km/h，达到期望车速，运行速度 v_{min} = 15 km/h，Δ_{85max} = −30 km/h，Δ_{85min} = 0 km/h，速度梯度$_{max}$ = −255. 018 km · h^{-1}/100 m，速度梯度$_{min}$ = 0 km · h^{-1}/100 m，大型车正向运行速度分布图，如图 3-29 所示。分析发现，速度梯度绝对值大于或等于 15 km · h^{-1}/100 m 的相邻路段指标协调性较差。

(5)大型车反向运行速度分析表：根据交通行业工程标准《公路项目安全性评价规范》

(JTG B05—2015),本路段大型车正向运行初始速度拟为 30 km/h,期望车速为 50 km/h,大型车加速度为 0.2～0.25 m/s^2,大型车最低运行车速 v_{min} 不宜低于 15 km/h。经分析计算得到大型车反向运行速度见表 3-24。

扫一扫

表 3-24　大型车反向运行速度分析表

路段运行速度 v_{max}=50 km/h,运行速度 v_{min}=15 km/h,Δ_{85max}=35 km/h,Δ_{85min}=0 km/h,速度梯度$_{max}$=255.018 km·h^{-1}/100 m,速度梯度$_{min}$=0 km·h^{-1}/100 m,分析发现,速度梯度绝对值大于或等于 15 km·h^{-1}/100 m 的相邻路段指标协调性较差。大型车反向运行速度分布图,如图 3-30 所示。

通过运行车速分析发现,①路段正向(下坡方向):小型车运行车速普遍高于大型车运行车速,小型车车速波动幅度大于大型车车速波动幅度,从起点到 K287+600 之间小型车、大型车车速波动幅度均较小,交通运行状况较好,从 K287+600 到项目终点小型车、大型车车速波动幅度均较大,交通运行状况较差。②路线反向(上坡方向):上坡方向小型车、大型车运行车速较正向(下坡方向)均有下降,由于车辆动力性能的差异,上坡方向车速波动幅度均较大,并且大型车普遍表现车速较低,车速波动大,运行车速高的车辆超出频率增加,交通运行状况差。③路段路线平纵线形指标的变化和协调性与车辆运行的 Δ_{85} 车速和速度梯度变化基本一致。

3.2　交通安全隐患排查与整改案例教学指导

3.2.1　教学目标

道路交通安全隐患排查和预防整改是道路与交通管理的重要工作内容,也是预防和减少道路交通事故、减轻事故后果严重程度的有效途径和措施,而如何开展道路交通安全隐患排查和预防整改,是工程实践中常常遇到的问题。

本案例以道路交通安全工程基本原理和方法,针对某山区二级公路长陡下坡路段,从交通运行情况分析、道路线形安全性分析、交通设施设置状况等方面对道路的安全状况进行诊断,并以此为基础,对标相关的国家标准和行业规范,提出事故预防的整改方案。案例对道路安全隐患排查和预防整改具有参考价值和示范价值,使学生通过案例,掌握道路交通安全工程基本原理,熟悉道路交通安全隐患排查的内容和方法。

3.2.2　分析思路

案例分析内容见表 3-25。

表 3-25　案例分析内容

序号	案例内容	涉及知识点
1	交通运行及事故状况	交通安全分析、交通安全评价事故多发点段鉴别
2	道路线形安全性	运行速度分析、道路线形与交通安全
3	交通设施安全隐患分析与排查	交通设施与交通安全
4	大型货车载重及限制速度	车与交通安全
5	测速与监控、安全检查服务区	交通管理与交通安全

1. 事故多发点段鉴别

事故多发点段又称“事故多发位置”“事故多发路段”“事故多发地点”，俗称黑点（black spots）。事故多发点段的基本定义为：在较长的一个时间段内，发生的道路交通事故的数量或特征与其他正常位置相比明显突出的某些位置（点、段或区域）。

公安部交通管理局下发的《公路交通事故多发点段及严重安全隐患排查工作规范（试行）》对道路交通事故多发点、段的定义为：3 年内，发生多起交通事故或事故损害后果极其严重，有一定规律特点的道路点、段。

对于事故多发点段的定义，可以从以下几个方面理解：首先，这里的“点”可以是一个点、一个路段、一条道路或一个区域；其次，事故多发点对评价的时间段有要求，即“较长一段时间”；再次，交通事故数量是一个广义的概念，它不仅可以指事故的绝对次数，也可以指死亡人数、受伤人数、各种事故率、死亡率、事故损失等不同指标；最后，定义中的“正常”和“突出”是事故多发点分析的关键点，也是安全评价的主要内容之一。

因此，在具体事故多发点段的排查鉴别中，应在充分理解事故多发点段含义的基础上，明确各个评价因素的分段阈值，才能准确完整地识别出事故多发点段。

事故多发点段的排查，涉及事故多发点段划分、事故多发点段判定方法和事故多发点段分类。

1）事故多发点段划分

所谓的“点”，很明显不能是一个桩号才算一个“点”。从公路网络或公路线路来说，所谓的“点”应该是一个区段才符合实际情况。公安部交通管理局下发的《公路交通事故多发点段及严重安全隐患排查工作规范（试行）》对高速公路事故多发点、段范围划分的标准为：高速公路多发点范围为道路上 1 000 m（含）范围内或收费站、隧道口、匝道口（含加减速车道）、接入口、平面交叉口等点；高速公路多发段的范围为道路上 4 000 m 范围内（单向）或桥梁、隧道、长大下（上）坡全程。

2）事故多发点段判定方法

常用的事故多发点段判定方法有事故次数法、事故率法、综合法、质量控制法、速度比控制法。

（1）事故次数法：用一定时期事故数大于临界值作为判据，简单易用。由于忽略了交通量、路段长度等因素，这种方法适用于道路条件和交通条件较为接近的道路事故多发点段的鉴别。

（2）事故率法：按事故率大小进行判定。对公路来说，常用的事故率指标为年亿车公里事故率，计算公式为

$$R_V=\frac{D}{V}\times 10^8 \tag{3-1}$$

式中　R_V——1 年间亿车公里事故次数或伤亡人数；

D——全年交通事故次数或伤亡人数；

V——全年总计运行车公里数，km。

此方法考虑了流量与长度，优于事故次数法。关于车公里数，由于高速公路是全封闭控制，节点与节点之间的长度明确，可以用道路长度乘道路上的年交通量或由年平均日交通量推

算出年交通量。

(3)事故次数与事故率综合法:将事故次数与事故率结合,又称矩阵法。横坐标为事故次数,纵坐标为事故率。只有事故次数和事故率都同时高于一定的阈值,才能鉴别为事故多发点段。这种方法的优点是综合考虑了事故率和事故数量两个因素,缺点是无法区分低事故次数-高事故率和高事故次数-低事故率地点的本质。

(4)质量控制法:将判定点的事故率与相似地点的平均事故率比较,根据显著水平建立危险路段事故率上下限,高于上限为危险。临界事故率计算公式为

$$R_{c}=A\pm K\sqrt{\frac{A}{M}}\pm\frac{1}{2M} \tag{3-2}$$

式中　R_c——临界事故率,R_c^+ 为上限值,R_c^- 为下限值;

A——相似类型路段的平均事故率;

K——统计常数,取 1.96;

M——评价地点在调查期内的平均车辆数。

(5)速度比控制法:有些事故是由条件较好路段驶入条件较差路段时减速不够造成的,为了评价危险性用速度比判定。速度比 R 的计算公式为

$$R=\frac{v_2}{v_1} \tag{3-3}$$

式中　v_1,v_2——分别是前后路段可保证车速,km/h。

判据:$R\geqslant0.8$ 为安全,$R\leqslant0.5$ 为危险,中间值是较危险。

3)事故多发点段分类

分类的目的是将已经鉴别出的事故多发点段按照严重(危险)程度进行归类,以便区别出轻重缓急。不同的研究目的可以有不同的分类方法。参照公安部交通管理局下发的《公路交通事故多发点段及严重安全隐患排查工作规范(试行)》,按照公路发生交通事故的数量及后果(不含毒驾、酒驾等事故),公路交通事故多发点段分为一类、二类、三类三种类型,其分类标准分别为:

一类点、段须符合下列条件之一:近 3 年内,发生 1 起及以上一次死亡 5 人(含)以上道路交通事故,且事故的发生与道路因素有关的;近 3 年内,发生 2 起及以上一次死亡 3 人(含)以上道路交通事故的;近 3 年内,发生 6 起以上死亡交通事故的;公安机关交通管理部门认为存在特别严重安全隐患的其他事故多发点、段。

二类点、段须符合下列条件之一:近 3 年内,发生 1 起一次死亡 3~4 人道路交通事故,且事故的发生与道路因素有关的;近 3 年内,发生 3~5 起致人死亡的交通事故的;近 3 年内,发生 6 起以上致人伤亡的交通事故的;公安机关交通管理部门认为存在严重安全隐患的其他事故多发点、段。

三类点、段须符合下列条件之一:近 3 年内,发生 1~2 起死亡交通事故,且事故的发生与道路因素有关的;近 3 年内,发生 3~5 起致人伤亡的交通事故的;一定时间内,发生道路交通事故(含简单事故)情况突出的;公安机关交通管理部门认为存在安全隐患的其他事故多发点、段。

2. 道路线形与交通安全

道路线形是指道路中心线的立体形状。道路中心线在水平面上的投影称为道路的平面线形;沿道路中心线竖直剖切再展开则是道路的纵断面线形;道路中心线上任一点法向切面则是道路在该点的横断面。合理的线形,对交通流安全畅通具有极其重要的作用。如果道路线形不合理,不仅会造成道路使用者时间和经济上的损失,降低通行能力,还可能直接或间接诱发交通事故。公路交通安全隐患的排查,往往应从线形开始。

道路线形要考虑与地形及地区的土地使用相协调,平面、纵断面及横断面的组成相协调,同时保证道路线形连续,并考虑施工、养护管理、经济和交通运行等方面。尽管如此,道路线形设计的基本出发点都应是保障行车安全,并遵循以下原则:从行驶力学考虑,汽车行驶时应安全、迅速、舒适;驾驶人的视觉和驾驶心理反应良好;交通环境及沿途景观相协调;整体的线形保持较好的连续性。

公路线形几何要素的不合理以及各种不良的线形组合,均可能导致交通事故的发生,主要表现在如下几方面:

(1)直线:过长的直线段易使驾驶人因景观单调而产生疲劳、注意力不集中、反应迟缓,一旦有突发情况出现,就会因措手不及而肇事;另外,驾驶人在长直路段容易开快车,致使车辆进入直线路段末端后的速度仍较高,若遇小半径弯道或弯道超高不足,往往容易导致车辆翻覆或其他类型的交通事故。

(2)平曲线:平曲线即弯道,平曲线与交通事故的关系很大。在圆曲线上,由于横向力的存在,对汽车的安全行驶会产生不利影响;大半径曲线比小半径曲线的事故率低;连续曲线当半径协调时事故率比不协调时低。

(3)竖曲线:当道路的凸形竖曲线半径过小时,会影响到驾驶人的视距,使其视野变小,驾驶人不易发现前方情况,容易发生碰撞;凹形竖曲线半径过小时,对驾乘人员竖向冲击较大,影响驾乘舒适性。

(4)纵坡坡度:纵坡过大,对于保持车辆的合理速度、维持连贯的驾驶状态有负面影响。坡段过陡时,车辆下坡会打滑,更有甚者可能造成车辆的翻覆;坡长过大,车辆上坡会爬坡吃力,严重的可产生倒滑现象。

(5)线形组合:行车安全性的大小与不同线形之间的组合是否协调有密切的关系,下列不良的线形组合往往是导致交通事故发生的重要原因:

①线形的骤变,如长直线的末端设置急转弯曲线,尤其是长下坡(大于 1 km)接小半径曲线是有危险倾向的设计,易造成车辆在不自觉的高速情况下驶入平曲线,事故隐患大为增加。

②在连续的高填方路段,如果没有良好的视线引导,驾驶人容易使车辆偏离车道中心线,可能冲出路面,酿成车祸。

③短直线介于两个弯曲的圆曲线之间,形成断背曲线,这样容易使驾驶人产生错觉,把线形看成反向曲线,从而发生操作错误,甚至酿成车祸。

④在直线路段的凹形纵断面上,驾驶人位于下坡时看到对面的上坡段,容易产生错觉,把上坡的坡度看得比实际的坡度大。这样驾驶人就有可能加速以便冲上对面的上坡路段;同时,在下坡路段看上坡路段,驾驶人觉察不出自己是在下坡,因而有可能发生事故。

⑤在凸形竖曲线与凹形竖曲线的顶部或底部插入急转弯的平曲线,前者因为没有视线引

导而必须急打方向盘;后者在超出汽车设计速度的地方仍然要急打方向盘,这些都是极易引起交通事故的。

⑥在平面曲线内,如果纵断面反复凹凸,即形成只能看见脚下和前方,而看不见中间凹陷的线形,这样的线形容易发生事故。

⑦转弯半径较小的平曲线与陡坡组合在一起时,会使事故急剧增加。

⑧是否设置缓和曲线对于圆曲线上安全特性有着较为显著的影响,未设缓和曲线的圆曲线,事故数显著高于设置了缓和曲线的圆曲线段。

⑨纵坡长度过短,出现锯齿形纵断面,这种线形使行车频繁颠簸,甚至可能产生颠簸的叠加与共振,危及安全。视觉上,这种线形使驾车人有路线不连续,坡长越来越小,线形破碎的感觉。

对公路线形进行排查的基本依据是交通行业工程标准《公路路线设计规范》(JTG D20—2006),该标准对公路横断面、平面、纵断面、线形设计、公路与公路平面交叉、公路与公路立体交叉、公路与铁路、乡村道路、管线交叉等提出了相关规定。标准中使用了“必须”“严禁”“应”“不应”“不得”“宜”“不宜”“可”等执行严格程度不同的用语,而线形排查一方面要甄别出与标准中要求严格执行的条款(使用“必须”“严禁”“应”“不应”“不得”的条款)或与设计不一致的项目,另一方面也要对标准中的柔性条款(使用“宜”“不宜”“可”的条款)或接近临界值的项目进行综合分析。

另外,为了界定隐患的性质,考虑到道路线形一旦建成之后很难改变,除了依据现行标准外,还应该遵循“新路新标准,老路老标准”的原则,充分考虑公路的设计和建造背景。

3. 交通标志与交通安全

交通标志是用文字或符号传递引导、限制、警告或指示信息的道路设施。毋庸置疑,交通标志的设置直接关系到交通流运行的效率和安全,由交通标志安全隐患导致的交通事故屡见不鲜。交通标志的隐患排查也往往千头万绪,看似简单,却总有“问题”。在不进行大规模土木工程改造的情况下,通过排查交通标志安全隐患,是减少交通事故的有效途径之一。

道路交通标志的功能是通过预先装载于标志牌面上的一组特定信息(图形、符号或文字)向道路交通使用者(包括驾驶人、乘客、行人及骑行者)传递交通信息,以保障交通安全顺畅运行的设施。从道路使用者的角度来看,交通标志的基本要求主要包括醒目性、视认性、简洁性、抗干扰性、针对性、预告性和协调性等。交通标志通过颜色和形状代表不同的安全含义。

交通标志版面颜色的基本含义如下:

(1)红色:表示禁止、停止、危险,用于禁令标志的边框、底色、斜杠,也用于叉形符号和斜杠符号、警告性线形诱导标志的底色等。

(2)黄色或荧光黄色:表示警告,用于警告标志的底色。

(3)蓝色:表示指令、遵循,用于指示标志的底色;表示地名、路线、方向等行车信息,用于一般道路指路标志的底色。

(4)绿色:表示地名、路线、方向等行车信息,用于高速公路和城市快速路指路标志的底色。

(5)棕色:表示旅游区及景点项目的指示,用于旅游区标志的底色。

(6)黑色:用于标志的文字、图形符号和部分标志的边框。

(7)白色:用于标志的底色、文字和图形符号以及部分标志的边框。

(8)橙色或荧光橙色:用于道路作业区的警告、指路标志。

(9)荧光黄绿色:表示警告,用于注意行人、注意儿童警告标志。

交通标志形状的一般使用规则如下:

(1)正等边三角形:用于警告标志。

(2)圆形:用于禁令和指示标志。

(3)倒等边三角形:用于“减速让行”禁令标志。

(4)八角形:用于“停车让行”禁令标志。

(5)叉形:用于“铁路平交道口叉形符号”警告标志。

(6)方形:用于指路标志,部分警告、禁令和指示标志,旅游区标志,辅助标志,告示标志等。

从安全隐患排查的角度,交通标志的安全性应重点从以下几个方面加以鉴别:

(1)标志设置的必要性。交通标志的设置应因地制宜,不能多设,也不能少设。应结合道路平纵线形指标、运行速度、交通量、路线交叉、气象环境以及周边环境等因素,对沿线的急弯路段、陡坡路段、长下坡路段、隧道、桥梁、恶劣气候环境(如多雾、横风、暗冰等)、事故多发段等特殊路段设置相应的警告标志,警告道路使用者注意前方路段的危险,并能使道路使用者有充足的时间采取相应的预防措施,加强道路使用者安全行车的意识。对于需要禁止、限制车辆的交通行为等需要严格遵照执行的路段则应设置相应的禁令标志,如限速、禁止超车、禁止驶入、限高标志等。根据交通管理的需要以及现场条件等情况设置指示道路使用者应遵守的指示标志,如分道行驶标志、立体交叉行驶路线标志等。此外,为使道路使用者能够顺利到达目的地和正确使用高速公路沿线设施,还应该设置必不可少的指路标志,如出口预告标志、服务区预告标志等。

(2)标志信息内容的连续性、有效性和正确性。交通标志设置的有效性与车辆驾驶人的信息处理过程和认识能力息息相关。车辆行驶过程中,驾驶人的驾驶任务包括获取信息、处理信息、操作反应并通过重复这一过程来不断修正车辆的运动。由于驾驶人本身的视觉特性和反应特性,设置交通标志时,应充分考虑驾驶人的反应时间、预判时间以及短期记忆时间等因素,进行合理设计,要严格按照规范中的设置要求进行布设。

交通标志的设置是以不熟悉道路网络的交通参与者为设计对象,交通标志中的信息应前后呼应、不应出现信息中断。标志中的地点、方向、里程、线形图案应准确。标志的内容变化应连续,内容应易识别,易于理解。同一地点不宜设置多个交通标志,标志版面的信息也不宜过多,造成信息过载,使驾驶人感到紧张、疲劳。

(3)标志设置位置的正确性。交通标志设置的位置,应保证交通标志的信息有足够的可辨性、可识别性和易读性,以便顺利完整地向道路使用者传递信息。

标志设置的横向、纵向位置,标志的高度以及标志的安装角度应符合规范要求,交通标志的任何部分不得侵入公路建筑限界以内。警告标志距离危险点的距离不宜过远也不宜过近,距离过远会使道路使用者降低戒备,警告标志失去警告的意义;距离过近会导致道路使用者来不及反应,不能及时作出相应的判断。禁令、指示标志应设置在需要禁止或需要指示的路口或路段附近醒目的位置,便于道路使用者观察前方路况,并易于转换行驶或行走方向。

一般情况下,交通标志应设置在公路前进方向的车行道上方或右侧,其他位置的交通标志应仅视为正常位置的补充。

(4)标志的识认性。交通标志的识认性主要包括标志的尺寸大小和逆反射性等。

标志版面的尺寸,应根据设计速度的大小确定。尺寸过小会导致驾驶人不能及时识别出标志的信息甚至有可能无法识别;尺寸过大会给驾驶人压抑感和不协调感,甚至有可能影响视距或侵入道路建筑限界。

标志应该使用符合相关规范的材料和得当的养护保证逆反射性能。在夜间车灯的照射下,标志板的底色和字符应该清晰明亮,颜色均匀,不应出现明暗不均的现象,不能影响标志的认读。同一版面应使用同一级别的反光膜,若标志的底膜与字符采用不同等级的反光膜,会导致字体边缘的"糊化",延长字体锐化的视认过程,从而降低标志的识读距离。另外,标志版面也不能有破损或污损。

对公路交通标志进行安全隐患排查的主要依据为国家标准《道路交通标志和标线　第2部分:道路交通标志》(GB 5768.2—2009)和交通行业工程标准《公路交通标志和标线设置规范》(JTG D82—2009)。所有交通标志的设置,应以不熟悉周围路网体系的公路使用者为设计对象,为其提供清晰、明确、简洁的信息,并使其具有足够的发现、认读和反应时间。根据公路交通标志的分类,可以按照总体要求、警告标志、禁令标志、指示标志、高速公路指路标志和其他标志、一般公路指路标志和其他标志等类别进行隐患排查。

4. 交通标线与交通安全

道路交通标线是由施划或安装于道路上的各种线条、箭头、文字、图案及立面标记、实体标记、突起路标和轮廓标等构成的交通设施,其作用是向道路使用者传递有关道路交通的规则、警告、指引等信息,可以与标志配合使用,也可以单独使用。与其他交通设施相比,交通标线可以使道路使用者在注意力不离开路面的情况下向其提供最多的道路信息,是引导驾驶人视线、管理驾驶人行为的重要手段。相反,不合适、不规范甚至错误的交通标线将向驾驶人提供不准确甚至错误的道路信息,误导驾驶人的判断和决策,进而有可能导致事故的发生。

从交通安全的角度讲,交通标线为车辆驾驶人提供行车方向参照系,指引车辆合流、分流,加强车辆行驶秩序,促进更好地组织交通、改善行驶条件、增加通行能力、减少交通事故;交通标线同时也有着美化道路的效果,可减少车辆驾驶人驾驶劳动强度。

道路交通标线按形态分为以下四类:

(1)线条:施划于路面、缘石或立面上的实线或虚线。

(2)字符:施划于路面上的文字、数字及各种图形、符号。

(3)突起路标:安装于路面上用于标示车道边界、边缘、分合流、弯道、危险路段、路宽变化、路面障碍物位置等的反光体或不反光体。

(4)轮廓标:安装于道路两侧,用于指示道路边界轮廓、道路前进方向的反光柱(或反光片)。

道路交通标线按设置方式分为以下三类:

(1)纵向标线:沿道路行车方向设置的标线。

(2)横向标线:与道路行车方向交叉设置的标线。

(3)其他标线:字符标记或其他形式标线。

道路交通标线按功能分为以下三类:

(1)指示标线:指示车行道、行车方向、路面边缘、人行道、停车位、停靠站及减速丘等的标线。

(2)禁止标线:告示道路交通的遵行、禁止、限制等特殊规定的标线。

(3)警告标线:促使道路使用者了解道路上的特殊情况,提高警觉准备应变防范措施的标线。

公路交通标线的颜色以白色为主,另有少量黄色、橙色(作业区)和黑色(立面标记)的情况。白色虚线划于路段中时,用以分隔同向行驶的交通流;划于出入口时,用以引导车辆行进。白色实线划于路段中时,用以分隔同向行驶的交通流,或指示车行道的边缘。黄线用于分隔对向行驶的交通流,但由于高速公路全部控制出入并分向行驶,在其一般路段不需要使用黄色实线或黄色虚线,只有在互通立交的双向匝道分隔上,需要使用黄色实线。另外,道路前进方向左侧轮廓标,应是黄色;立面标记的线条中,也要使用黄色。黑色标线一般出现在立面标记的线条中。橙色标线一般为作业区标线的颜色。为了使交通标线在夜间也具备可辨识性,交通标线还应具有足够的逆反射性能。

公路交通标线的隐患对交通安全的影响表现在以下几个方面:

(1)车道边缘线和车道分隔线施划不当,以致实际车道宽度不足。

(2)交通标线破损,逆反射性能不足。

(3)轮廓标间距不当,视线诱导差。

(4)突起路标缺失较多,夜间车道边缘指示不足。

(5)立面标记设置不当。

(6)出入口标线规格不当。

(7)路面标记顺序不当。

(8)虚实线使用不当。

(9)标线颜色不当。

(10)导向箭头尺寸不当。

5. 公路路侧与交通安全

路侧是指车行道边缘线以外的区域。路侧应提供充足的净区宽度或防护,让驶出路外的车辆有足够的纠正空间回到车行道内,或降低事故的严重程度。路侧不仅是公路交通事故的多发区域,也是公路安全隐患的多发区域。路侧安全隐患的排查应是公路安全隐患排查的重要组成部分。

公路路侧一般包括以下一些结构形态:硬路肩、土路肩、护栏、填方边坡、挖方边坡等。

路肩是位于车行道外缘至路基边缘、具有一定宽度的带状结构部分,包括硬路肩和土路肩。硬路肩是与车行道相邻并铺以具有一定强度路面结构的路肩部分(包括路缘带)。土路肩是紧邻硬路肩,未加铺装的土质结构部分。公路路肩的作用主要有:保护车行道路面等主要结构的稳定;为发生机械故障或遇到紧急情况的车辆提供临时停车空间;提供侧向余宽,增加驾驶的安全和舒适感;提供道路养护作业、埋设地下管线的场地;改善挖方路段的弯道视距，增进交通安全；使雨水能够在远离车行道的位置排放，减少行车道雨水渗透，减少路面损坏。

护栏设置在路侧净区宽度得不到满足的路段。公路护栏的作用主要有：防止车辆驶出路外坠落或碰撞障碍物；引导方向偏离的车辆回到车行道；适当吸收碰撞能量，减轻驾乘人员损伤；体现道路线形，诱导驾驶人视线。公路护栏一般设置在土路肩内。

边坡是为保证路基稳定，在路基两侧做成的具有一定坡度的坡面。处于填方路段的边坡为填方边坡，边坡位于路面之下；处于挖方路段的边坡为挖方边坡，边坡位于路面之上。按照边坡坡度的不同，边坡可分为平缓边坡、陡坡边坡、急坡边坡、悬坡。只有平缓边坡宽度才能计入路侧安全净区宽度。

公路路侧事故主要有以下三种形态：

(1)车辆偏离车行道，侵入路肩或路肩以外的区域和护栏、行道树、车辆、行人、标志设施杆柱等，或与其他坚硬危险物发生碰撞。

(2)车辆偏离车行道，冲破护栏，坠入悬崖、深谷或水体。

(3)车辆在车行道内与其他车辆发生碰撞后侵入路侧发生二次事故。

造成路侧事故的原因很多，可以包括如下几个方面：

人的方面，驾驶人疲劳驾驶或注意力不集中、超速驾驶、饮酒驾驶或应急处置不当等；车的方面，车辆安全技术状况不佳；路的方面，道路抗滑性能低，视距不足，标志标线设置不合理、路侧净区不够、护栏设置不当、路肩和边坡处置不当等；环境方面，雨、雪、冰使道路太滑，能见度低，视线不好等。

3.2.3　课堂设计

1. 课时分配

共 3 个课时(45 min 为 1 个课时)：

(1)教师案例讲解：60 min。

(2)学生小组讨论：30 min。

(3)课堂小组代表发言并进一步讨论：30 min。

(4)教师课堂讨论总结：15 min。

2. 讨论方法

(1)学生自行准备。在正式开始案例教学前 1~2 周，将案例材料发放给学生。让学生有充分的时间阅读案例材料、查阅相关材料、搜集必要信息并积极思考，初步形成关于案例中问题的解决思路。

(2)小组内部讨论。在课堂上将学生划分为 3~6 人的小组，小组以自定的方式进行组织讨论，教师可不进行干涉。

(3)小组集中讨论。每个小组派出自己的代表，发表本小组对案例的分析和意见，发言完毕后接受其他小组成员的提问并做出解释，本小组成员可补充回答问题。

3.2.4　要点汇总

教案知识要点见表 3-26。

表 3-26 教案知识要点

序号	案例内容	涉及知识点
1	交通运行及事故状况	交通安全分析、交通安全评价事故多发点段鉴别
2	道路线形安全性	运行速度分析、道路线形与交通安全
3	交通设施安全隐患分析与排查	交通设施与交通安全
4	大型货车载重及限制速度	车与交通安全
5	测速与监控、安全检查服务区	交通管理与交通安全

思考题

1. 道路安全隐患排查一般包括哪些方面？
2. 道路事故多发点段如何鉴别？
3. 道路线形如何影响交通安全？
4. 交通标线如何影响交通安全？
5. 交通标志如何影响交通安全？
6. 护栏如何影响交通安全？
7. 交通安全设施相关的国家标准和行业规范有哪些？

参考文献

[1] 赵轩，余强，袁晓磊，等. 重型货车长下坡行驶制动器温升模型的研究[J]. 汽车工程，2015，37(4)：472-475.
[2] 徐进，邵毅明，赵军，等. 山区道路弯坡组合路段重载车辆行驶速度模型[J]. 长安大学学报：自然科学版，2015，35(2)：67-74.
[3] 王星. 双车道公路弯坡路段交通安全评估及处治措施研究[D]. 重庆：重庆交通大学，2014.
[4] 李宝成. 高速公路连续长下坡路段安全设施设置技术研究[D]. 重庆：重庆交通大学，2014.
[5] 郭忠印，宋灿灿，李志勇，等. 长下坡与连续弯组合路段货车行车危险位置识别[J]. 公路工程，2012，37(6)：97-100.
[6] 单少华. 坡弯路段汽车侧翻与侧滑预警系统研究与开发[D]. 重庆：重庆交通大学，2012.
[7] 卢从娟. 汽车长下坡速度控制研究[D]. 重庆：重庆交通大学，2012.
[8] 范存威. 山区公路长下坡路段运营安全分析与评价[D]. 重庆：重庆交通大学，2012.
[9] 胡江碧，杨洋，张美杰. 山区高速公路弯坡组合段安全性评价方法[J]. 中国公路学报，2010，23(增刊)：89-92.
[10] 孙凤英，阎春利. 冬季冰雪路面行车速度与安全隐患分析[J]. 森林工程，2010，26(3)：44-45.
[11] 岳晓晗. 长下坡路段交通安全分析与评价[D]. 西安：长安大学，2009.

第 4 章　基于交通大数据的城市出行结构分析

在城市信息化浪潮发展与数据科学崛起的共同推动下，交通大数据开始成为下一代城市化发展的新理念和新实践，包括 GPS 数据、公交 IC 卡数据、卡口数据等在内的多元交通大数据正以惊人的速度产生，应用场景也越来越广泛。通过对城市交通场景下的多源数据进行动态监测、分析、整合和利用，能够实现对交通状态的实时感知与精准研判。本章结合“智慧交通仿真平台”项目课题实例以及城市交通大数据的数据结构特点，以交通卡口车牌识别数据为基础数据集，完成数据清洗、统计和聚类分析，并进行了简单的流量预测。

4.1　基于交通大数据的城市出行结构分析案例

4.1.1　研究现状

大数据分析技术的成型来源于多个基础理论与学科，其中机器学习、统计学等的影响最大。而与交通领域关注问题的相关大数据分析研究，首先着眼于各种数据资源的开发。

移动通信数据由于记录了众多出行者的时空位置，引起研究者极大的兴趣。White 和 Wells 分别用 MOLA 数据（1992 年在肯特路边调查得到的 OD 矩阵数据）和手机通话产生的费用数据进行 OD 统计，探索使用手机费用数据得到 OD 数据的可能性。杨飞论述了两种基于手机定位技术的 OD 获取方法：一种是基于手机位置区定位的 OD 获取方法；另一种是基于手机定位平面坐标的 OD 获取方法。Friedrich 等将手机信令数据与机动车检测数据相结合，通过识别运行中的机动车，并生成机动车出行轨迹，得到机动车出行 OD 矩阵，以满足持续监控道路服务水平和路网交通的需求。Duan 等采用手机信令数据，根据个体活动频率识别工作地和居住地，进而估计通勤出行 OD 矩阵。Zhang 等利用手机信令数据推算用户出行 OD 矩阵，并根据用户的社会经济属性进行 OD 矩阵扩样，通过仿真实验验证了方法的有效性。Iqbal 等用手机话单数据和部分道路的交通量数据生成了不同时间段的 OD 矩阵，并进行了精度的验证。Colak 等尝试处理手机数据用于四阶段模型。Rokib 等则进行了利用手机和社交媒体签到数据获取 OD 矩阵的研究。

公交 IC 卡数据是一个很早就被关注的数据资源，传统研究主要集中在两个方面：①获得用于公交运营决策的公交客流信息，包括总客流、线路客流、断面客流、站点客流时空变化分布等；②获得用于公交规划的居民公交出行特征信息，包括居民公交平均出行次数、起讫点分布、平均换乘次数、出行耗时特征、出行距离特征等。徐建闽等基于公交车 GPS 和公交 IC 卡数据融合，构建了生成单线公交 OD 的计算模型。

有关城市机动车出行的早期研究，大多是利用定点检测器系统和 FCD 浮动车系统获得的数据，近年来则利用车牌识别系统数据以获取更多出行信息。车辆牌照数据在时空中观察对象，使得行程时间分析具有更好的观测手段。Park 等以休斯敦地区车牌识别系统的数据为校核依据,提出了一种基于均方误差最小化的路段和路径行程时间估计和预测模型;Rakha 等分析了圣安东尼奥、德克萨斯以及最优拟合模拟出来的自动车牌识别数据后,认为出行时间并不服从正分布,并计算了在一定条件下交通出行时间变异系数;Clark 等在随机需求情况下,对网络中的出行时间可靠性进行了建模。对于车辆牌照数据另一方面的研究,则将注意力投向车辆 OD 矩阵。Asakura 等利用日本高速公路系统上的车牌识别数据研究了获取一天之内车辆 OD 信息的方法;Dixon 等提出了一种使用车辆自动识别数据预测城市短时 OD 矩阵的方法;Ma 等对传统 OD 矩阵进行了改进,并利用分层贝叶斯网络机制构建了一个模型。与此同时,在更加广阔视角中的研究工作也得以展开。Park 等考虑出行时间可靠性,用双层规划模型对可持续网络设计问题进行研究;姜桂艳等利用车牌识别数据估计单车行程速度及区间平均行程速度,进行交通状态判别以识别交通拥堵。顾国弟等主要基于车牌识别数据对交通流中车辆构成情况进行分析,研究中结合了车辆档案数据。

伴随研究的进展,学者们逐步将注意力转向基于大数据以探寻更深层次的规律。由于移动通信数据能够在一个较长的时间内持续获得且有较高的采样率,为描述居民出行模式提供了有效的信息源。Eagle 等分析了移动电话在可识别的无线网络、蓝牙和蜂窝移动网络环境中对于一个给定用户记录的独特空间轨迹,识别出周期性的个体日常出行模型。Song 等通过研究匿名手机用户的移动类型,计算个人移动轨迹的随机性(熵),发现用户在空间上的移动有 93% 的可预测性。Lu 等利用海地地震前后 1 年的手机数据,研究海地地震前后的居民出行规律和可预测性,发现地震灾害期间的居民活动比平常日期具有更强的可预测性。Lorenzo 等通过分析用户在两周时间内的位置信息,对用户日常的出行行为特征进行描述,发现作为在日常生活中做出活动和相关出行决定的结果,人类活动行为在时空上表现出高度规律性。Gao 针对移动通信数据,使用时空可视化(STV)、时空核密度估计(STKDE)、时空自相关分析(STAA)的方法探索居民移动模式和城市内部的动态联系。Schneider 等通过芝加哥和巴黎的手机数据分析,将居民的出行模式概括为 17 种,并以此建立模型,通过与调查数据对比进行验证。

Yang 等基于深圳 IC 卡地铁出行数据,对个人出行规律与出行模式进行研究,通过比较,分析不同位置的行程时间分布与停留时间分布,并使用熵对用户进行分组,利用马尔科夫模型预测个人出行,取得了较好的准确率。De Villaine 研究利用公交 IC 卡数据分析居民出行活动的方法,利用智利圣地亚哥和加拿大加蒂诺两个城市的公交 IC 卡数据,结合其他已知信息(如土地利用情况、IC 卡使用者行为等)分析公交出行者的出行活动,包括活动地点、目的和持续时间,为从更多角度理解公共交通出行行为提供了一种新方法。

Rhee 等对 44 个用户 5 个月的 GPS 轨迹数据进行分析,提出人的移动轨迹和时间的关系符合 Levy 行走模型。Wang 等基于 PS 数据分析现实世界中人类的移动,发现位移在群体层面上表现出显著的正相关性,表明人类运动具有层叠状性质,而人的位移在个体层面上通常服从幂法则,同时也表现出正相关性。Martic 对 136 个志愿者的 GPS 数据进行仔细预处理后,构建一个多方式组合模型来表征人类动力学特征,对个体移动的下一个地点进行预测,并从理论上论证了预测的可行性。

4.1.2 案例背景

随着传感技术的发展,城市空间产生了各种各样的大数据。城市计算将城市感知、数据管理、分析和服务结合为一个整体过程，揭示城市丰富的知识，改善人们的生活。交通是最基本的城市计算应用之一，许多交通系统分析城市范围内的人员流动数据和其他城市数据（如天气数据等），以了解人们的出行行为，改善出行体验，而对路径选择行为的研究，是交通出行行为研究中必要的环节之一。

在城市交通流特性研究中，机动车出行轨迹包含详细的交通流微观参数，通过对城市交通路网中所有运行车辆出行轨迹进行提取、聚类和整合分析，可以系统科学地再现所有车辆的运行场景，有效获取城市网络交通流的宏观运行状态，进而为分析城市交通需求的结构和时空分布特性提供数据支撑。

与其他交通信息采集技术相比，车牌自动识别系统工作具有连续性强、数据精度高和检测样本量大等优点，国内外越来越多的专家学者运用车牌识别数据进行城市交通特性的深入分析。目前大多数研究主要集中在车牌识别数据的概率统计及宏观特性提取上，对于出行轨迹、出行行为等交通流微观参数的提取挖掘较少涉及。在描述微观参数时，既要考虑多样化的决策属性以便更好地描述出行者的决策行为，又要设计合适的算法，充分挖掘车牌识别数据的历史属性以及出行者路径决策的主观行为。

随着现代交通网络的不断发展，道路结构的持续完善，一段旅程可以选择的路径越来越多，而路径选择的结果势必会对道路交通态势产生或多或少的影响，因此研究路径选择行为，成为交通领域必不可少的环节。一般情况下，路径选择行为同时受多种条件约束，相应的，不同路径选择行为的结果也能反映影响决策的各种因素。研究路径选择行为不仅能帮助交通管理者提高道路利用率，也能辅助驾驶人做出更明智的出行决策。在传统方法中，研究人员一直致力于研究基于意向（SP）调查数据的不同因素对路线选择的影响。SP 调查收集受访者在假设情况下的路线偏好，不同选择的考虑因素（如旅行安全）可以通过问卷中的信息直接获取。利用 SP 数据，建立不同的路径选择模型，估计不同因素对路径选择行为的影响。

然而，传统调查的规模有限，需要仔细设计调查，范围一般集中在大城市以及大都市圈，有一定局限性。此外，从调查中获得的信息是比较主观的，在实践中往往不够可靠。近年来，一些研究人员借助信息化设备，捕捉车辆轨迹，对交通数据进行采集。与传统的调查相比，大数据样本采集所需的工作量更小，结果相对客观，也更符合实际需要。

目前对于大数据样本相关研究的数据来源大多集中在基于 GPS 的浮动车数据。GPS 数据的优点显而易见，如定位精度高、记录间有较好的连续性、采集成本低等。但是，这类数据往往受限于用户的数量和时空尺度，不能很好地涵盖整个城市的出行特征。本研究的数据来源为基于四川省绵阳市两年内交通卡口采集设备的车牌识别数据，绵阳市是成都平原城市群北部中心城市，人口众多，经济结构完整，交通基础设施完备，能很好地代表我国现阶段城市发展的基本情况，具有较高的研究价值。同时，该类数据具有时间跨度大，区域覆盖广，以及一定程度上的轨迹可重现等特点，能针对上述 GPS 数据的不足进行很好的补充研究。

4.1.3　案例内容

1. 数据清洗

基于 2018 年绵阳市卡口数据，可以获得车牌、车辆类型、时间等信息。基于以上内容，本节首先利用 Python 的 NumPy 和 Pandas 模块对数据进行清理、提取并分析车辆的时空特性。

以 2018 年 9 月 1 日的数据为例,共记录了 3 284 183 条数据,有效数据信息为 3 025 253 条,数据利用率约为 92. 12%,原始数据见表 4-1。

表 4-1　原始数据

车牌号码	号牌种类	时　间	设备编码
川 B×××JN	2	2018/9/1 00:00:14	510700000000010150
污损牌照	99	2018/9/1 00:04:49	510700000000010150
川 B×××45	1	2018/9/1 00:17:40	510700000000010151
川 BD×××88	52	2018/9/1 00:47:27	510700000000010150
川 B0×××6F	51	2018/9/1 14:49:49	510700000000010151
…	…	…	…

表 4-1 中共显示四种数据,第一列为车牌号,第二列根据车的类型进行划分(类型 1 表示车牌为黄色的柴油动力汽车,类型 2 表示车牌为蓝色的石油动力汽车,类型 99 表示尚未识别车牌,类型 52 表示新能源汽车,类型 51 表示混合动力汽车)。号牌种类有效数据比例见表 4-2。

表 4-2　号牌种类有效数据比例

号牌种类	比例	记录数量
1	4. 68%	141 582
2	94. 88%	2 870 360
51	0. 24%	7 261
52	0. 20%	6 050

扫一扫

表 4-3　时空特征数据

在表 4-2 中,类型 2 的比例最高,达到 94. 88%,类型 1 的比例为 4. 68%,类型 51 和 52 分别仅占 0. 24% 和 0. 20%。

利用以上数据,可以提取出汽车的时空特征和轨迹信息。过滤掉污损车牌(99 型)数据后,获得的时空特征数据见表 4-3。

在车辆轨迹分析中,首先根据时间顺序对调查点进行排序,得出每辆车驶过调查点的顺序。通过使用路径依次连接测量点序列,可以获得有关每种车辆行驶的详细信息,包括:行驶路段、行驶 OD 信息、车辆行驶的距离、车辆的行驶时间以及车辆的平均行驶速度。

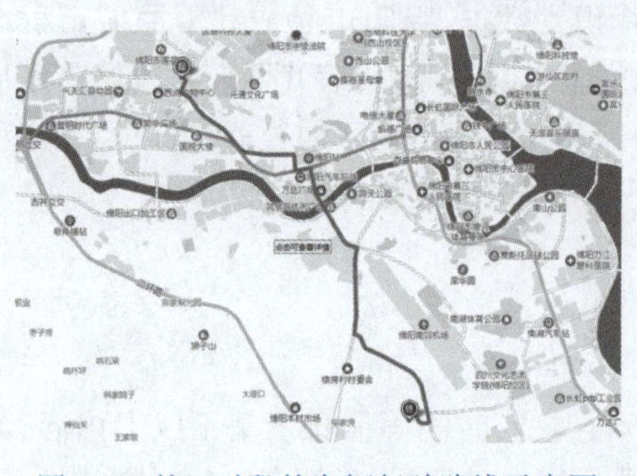

图 4-1　某一时段某车辆行驶路线示意图

经过数据处理和清理后,可以清楚展示卡口 ID、经度和纬度以及经过路口的时间等时空特征。现在共提供 328 570 条车辆数据作为调查点。

图 4-1 显示了一个时间段内从勘测点序列得出的汽车(川 B×××GA)的完整行驶路径。通过计算所有车辆的起点和终点,可以得到整个路网的 OD 分布矩阵。通过计算所有车辆的行驶路线,可以获得整个路网所有路段的交通量。

在确定测量点之间的连接路径时，通常选择测量点之间的最短路径。但是，网络拓扑、道路坡度、交通状况以及交通系统中的车辆数量都会影响路径的选择，因此两个调查点之间的路径通常不是最短路径。如果两个测量点之间存在多条路径，那么确定车辆的真实路径将存在一定的困难，这将给轨迹的分析和处理带来很多不确定性，直接影响轨迹分析结果的准确性。

2. 数据分析

通过分析清理后的数据以及统计路网内所有的卡口数据（见图 4-2），将白天所有卡口上每辆车按发生频率分类并统计所占比例（见表 4-4 和图 4-3）。

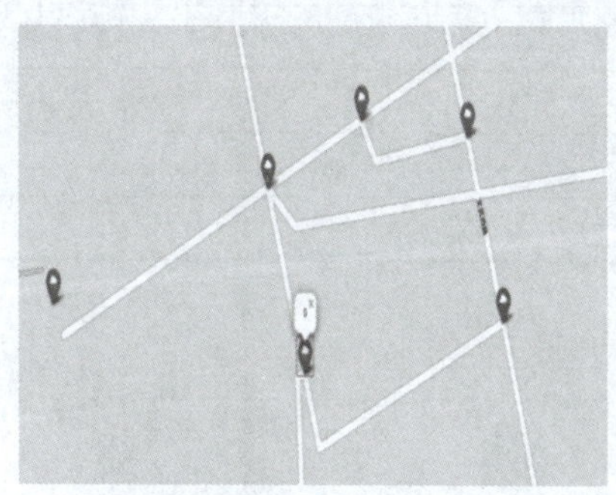

图 4-2　局部路网节点

表 4-4　车辆的出现频率

频率/%	车辆数量/辆	频率/%	车辆数量/辆
2~10	147 495	31~40	3 877
11~20	55 889	41~50	1 511
21~30	14 227	>50	6 242

为了形成轨迹，筛除一天只出现一次的车辆。通常，一天中检测到汽车的次数越多，汽车更有可能是如出租车等服务车辆，由于与 OD 的分析无关，因此也被排除在外。

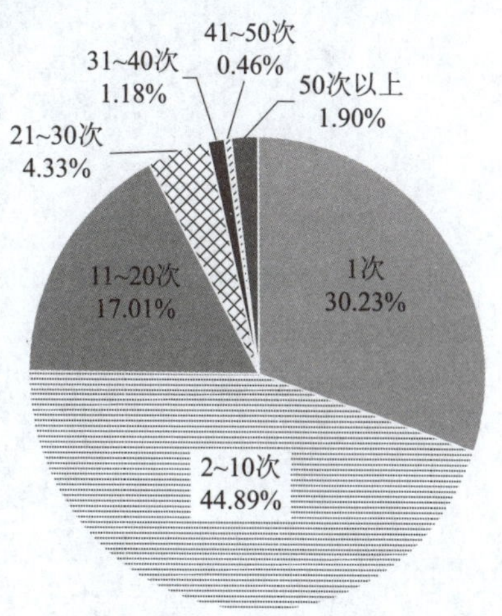

图 4-3　频率比例

通过表 4-5 中所示的道路网络数据，可以对城市的 OD 信息执行以下统计分析。图 4-4 至图 4-8 显示了每辆车的 OD 对的总行程数，图中的每条线代表一个 OD。线条颜色越深表示该 OD 对之间的流量越大，圆圈表示 OD 的相同起点，圆圈的大小表示 OD 的流量，并且 OD 是从卡口数据中提取的。

OD 由卡口数据提取得到，由于经过多重过滤，数据量是原始数据量的等比例减少。通过车辆的 OD 对的顺序见表 4-6。

表 4-6 中有些 OD 对（如 67_67）对分析没有意义，应将其筛选出来。899_927 OD 对全天记录为 1 349 次，说明这对 OD 是交通量最大的道路，也许驾驶人倾向于选择这条道路。

表 4-5　路网信息

起点 ID	终点 ID	距离/m	起点 ID	终点 ID	距离/m
0	2	426. 5	5	14	563. 37
0	3	224. 68	6	10	764. 103
1	3	477. 169	7	23	862. 881
2	5	224. 467	7	11	544. 208
3	4	1 029. 74	8	11	576. 917
3	6	213. 633	8	16	736. 159
3	12	483. 299	8	34	1 877. 327
4	10	323. 99	…	…	…
5	6	226. 443			

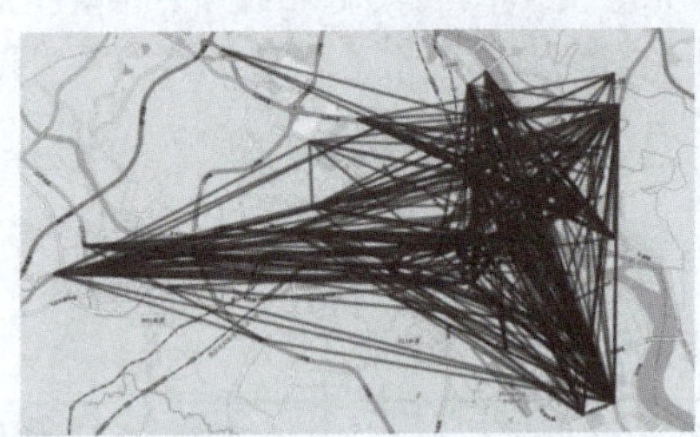
图 4-4　超过 10 次的 OD 对

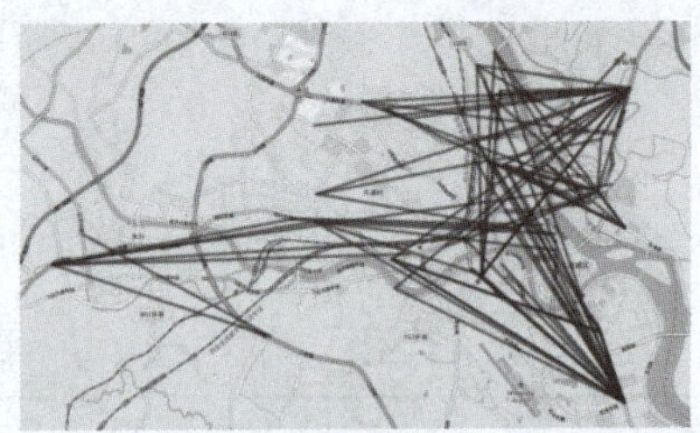
图 4-5　超过 20 次的 OD 对

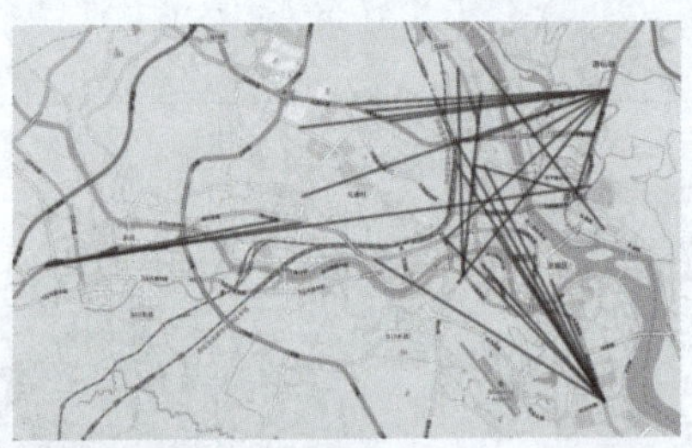
图 4-6　超过 30 次的 OD 对

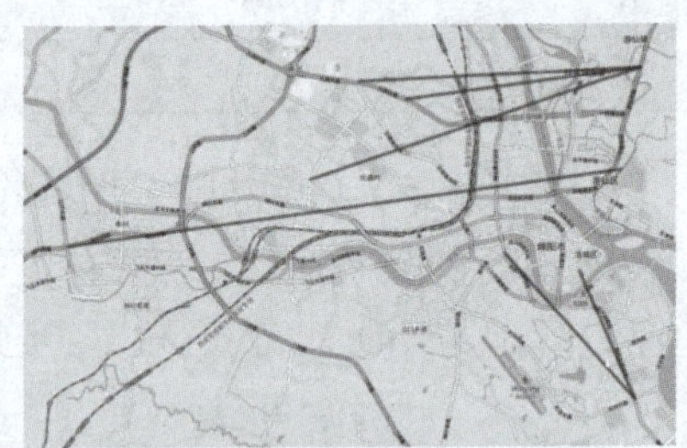
图 4-7　超过 50 次的 OD 对

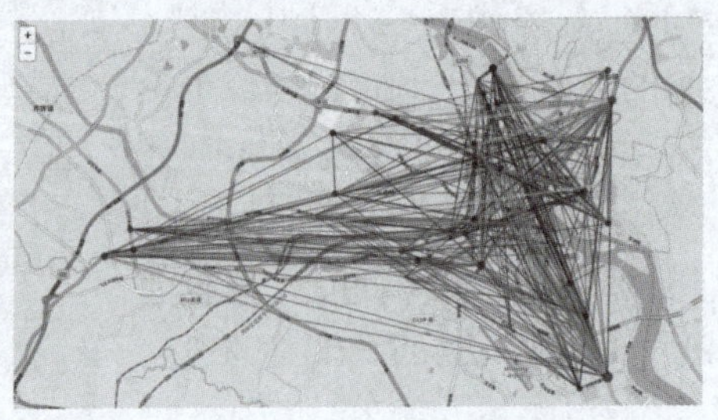
图 4-8　城市全天 OD 信息

表 4-6　OD 信息

OD 对	路段频率/次	OD 对	路段频率/次
67_67	2 014	67_516	741
899_927	1 349	791_67	741
67_260	1 254	719_67	722
856_927	1 197	476_927	703
678_389	1 045	811_927	703
653_927	1 007	368_67	684
927_927	1 007	655_724	684
291_291	969	67_237	684
67_349	969	…	…
655_655	931		
291_927	779		
881_927	760		

图 4-9 展示的是同一车牌早晚高峰出行轨迹图，可以看出虽然有固定的出行点，但路径选择的情况存在明显不同，这可能与出行目的和当下道路通行能力有关系。

扫一扫

图 4-9　同一车牌早晚高峰出行轨迹图

3. 数据挖掘

为了提取城市路网上所有运行车辆的出行轨迹，系统科学地再现所有车辆的运行场景，进而为分析城市交通需求的结构和时空分布特性提供数据支撑，提出基于车牌识别数据的机动车出行轨迹提取算法。对清洗后的数据进行统计分析，根据分析结果，初步选定研究区域；通过车牌及时间戳排序提取出行链；从上述研究区域筛选原始出行链，用基于统计时间窗下的速度阈值结合交叉口邻接表，判断相邻节点间是否存在漏检，并完成出行链的分离，形成初始出行轨迹；对上述选定研究区域内轨迹，运用 space-time prism 方法确定精确范围内的潜在路径面积（potential path area，PPA），以及该 PPA 下的潜在路径；基于 K 则最短路径算法（KSP 算法）及灰色关联法（GRA 算法），对出行轨迹进行补全重构。在数据集中随机选取不存在漏检的路径构成原始路径集，针对该路径集的每条路径，随机删除 j 个连续节点模拟漏检节点，形成待补全路径集，再对该待补全路径集执行轨迹补全算法，得到新的补全路径集，对比原始路径集和补全路径集验证算法的准确率。

4. 出行链的获取及分离

对车牌识别数据的所有记录行按车牌号、检测时间戳排序后，即可得到每辆车经过的设备点位集合，为设备点位匹配相应的交叉口编号 ID，则每个车牌号的 ID 编号及时间戳的集合即为每辆车的出行链。出行链分离的目的是将同一辆车的出行链拆分为一定次数的出行，通过车牌识别数据的时空关系完成出行链分离，即采取相邻节点间速度结合交叉口邻接矩阵进行出行链分离位置的确定，具体步骤如下：

第一步：将聚类后的交叉口点位映射到路网拓扑上，建立交叉口邻接矩阵 $\boldsymbol{D}$，若两交叉口 a、b 直接相连，则邻接矩阵元素赋值 1，即 $\boldsymbol{D}(a,b)=1$，否则 $\boldsymbol{D}(a,b)=0$。

第二步：提取出行链相邻节点的车流方向信息（包括进口道方向及车道编号）及检测时间差 Δt，计算车道方向匹配的最短行驶路径 s 及其距离 d，得到出行链相邻节点的速度 $v=d/\Delta t$。

第三步：获取最短行驶路径 s 的速度上限阈值 v_u、下限阈值 v_1。

第四步：出行链分离，出行链相邻节点间的四类情况，其特性见表 4-7。

表 4-7　出行链相邻节点间的四类情况及特性

情　况	特　性
正常	$v_1<v<v_u$、$\boldsymbol{D}(a,b)=1$
漏检	$v_1<v<v_u$、$\boldsymbol{D}(a,b)=0$
出行链分离	同一交叉口分界：$v=0$、$\Delta t>540$ s 不同交叉口分界：$0<v<v_1$
检测错误（套牌车等）	$v>v_u$

对所有出行链执行上述四个步骤，即可确定所有出行链的分离位置及漏检位置，在分离位置进行分割操作即可完成出行链的分离。出行链分离完成后，为获得完整的机动车出行轨迹，需要设计相应的策略，在出行链的漏检位置处进行出行轨迹的补全。

5. 构建出行轨迹可行解集合

为降低算法的运算复杂度，在进行多目标决策前，需要构建出行轨迹可行解集合，构建过程如下：

假设漏检部分的上条记录点为 R_1，下条记录点为 R_2。

第一步：出行者受多种因素的影响，实际出行轨迹可能不遵循最短路径，故需要寻求出行 OD 点之间的多个备选优化路径，形成最短路径组。运用 K 则最短路径算法（KSP）基于距离搜索 R_1 点与 R_2 点之间的前 K 条最短路径，并根据路径长度升序排列，构建出行轨迹可行解集合 $P\{p_1,p_2,\cdots,p_K\}$。在出行者实际的路径决策过程中，其待选择路径数一般不超过 10，故 KSP 算法中的 K 取 10。

第二步：根据 R_1 点及 R_2 点记录的进口道方向、车道编号提取出与 R_1 连接的路段 r_s 及与 R_2 连接的路段 r_e，同时提取待选路径的首尾路段分别为 r_s' 和 r_e'。

第三步：将出行轨迹可行解集合 $\begin{cases} r_s'=r_s \\ r_e'=r_e \end{cases}$ 中的路径提取出来，构建新的出行轨迹可行解集合 $(p_1^*,\cdots,p_n^*)$。

6. 基于 GRA 的出行轨迹补全决策算法

出行轨迹补全本质上是多目标决策问题，多目标决策的经典方法主要有层次分析法（AHP）、数据包络分析法（DEA）、逼近于理想解的排序方法（TOPSIS）、灰色关联法（GRA）等，考虑到出行轨迹补全算法的数据源特性和算法特点，选用灰色关联法完成机动车出行轨迹的补全。计算得到出行轨迹可行解集合中所有轨迹的各决策指标值后，基于 GRA 算法决策出最优的补全路径，其具体步骤如下：

第一步：构建标准化决策矩阵 $\boldsymbol{M}'$。

$$\boldsymbol{M}'=\begin{pmatrix} x'_{11} & x'_{12} & \cdots & x'_{15} \\ x'_{21} & x'_{22} & \cdots & x'_{25} \\ \cdots & \cdots & x'_{ij} & \cdots \\ x'_{n1} & x'_{n2} & \cdots & x'_{n5} \end{pmatrix},\quad x'_{ij}=\frac{x_{ij}}{\sqrt{\sum\limits_{i=1}^{n}(x_{ij})^2}}(1\leqslant i\leqslant n,1\leqslant j\leqslant 5)$$

式中，$(x_{i1},x_{i2},x_{i3},x_{i4},x_{i5})$分别为出行轨迹 i 的路径距离、行程时间相符程度、轨迹偏爱程度、信号交叉口个数、车辆转弯次数的指标值。

第二步：构建加权标准化决策矩阵 $\boldsymbol{M}^*$。

假设五种属性的决策权重为$(\omega_1,\omega_2,\omega_3,\omega_4,\omega_5)$，则加权决策矩阵 $\boldsymbol{M}^*$ 如下：

$$\boldsymbol{M}^*=\boldsymbol{M}'\mathrm{Diag}(\omega_1,\omega_2,\cdots,\omega_5)=\begin{pmatrix} \omega_1 x'_{11} & \omega_2 x'_{12} & \cdots & \omega_5 x'_{15} \\ \omega_1 x'_{21} & \omega_2 x'_{22} & \cdots & \omega_5 x'_{25} \\ \vdots & \vdots & \omega_j x'_{ij} & \cdots \\ \omega_1 x'_{n1} & \omega_2 x'_{n2} & \cdots & \omega_5 x'_{n5} \end{pmatrix}=\begin{pmatrix} y_{11} & y_{12} & \cdots & y_{15} \\ y_{21} & y_{22} & \cdots & y_{25} \\ \vdots & \vdots & y_{ij} & \vdots \\ y_{n1} & y_{n2} & \cdots & y_{n5} \end{pmatrix}$$

式中，y_{ij} 为 ω_j 和 x'_{ij}的乘积，是出行轨迹 i 的加权指标值。

第三步：构建差异度矩阵。

差异度矩阵表示如下：

$$\Delta=\begin{pmatrix} \Delta_{01}(1) & \Delta_{01}(2) & \cdots & \Delta_{01}(5) \\ \Delta_{02}(1) & \Delta_{02}(2) & \cdots & \Delta_{02}(5) \\ \vdots & \vdots & \Delta_{0i}(j) & \vdots \\ \Delta_{0n}(1) & \Delta_{0n}(2) & \cdots & \Delta_{0n}(5) \end{pmatrix},\quad \begin{cases} \Delta_{0i}(j)=|y'_0(j)-y_{ij}| \\ y'_0(j)=\max[y_{1j},y_{2j},\cdots,y_{ij},\cdots,y_{nj}]^{\mathrm{T}} \\ 1\leqslant i\leqslant n,1\leqslant j\leqslant 5 \end{cases}$$

式中，$\Delta_{0i}(j)$为指标 i 的最大值 $y'_0(j)$与 y_{ij} 差的绝对值。

第四步：计算轨迹 i 的灰色关联度，即

$$\psi_i=\frac{1}{5}\sum_{j=1}^{5}\left(\frac{\min_i\min_j\Delta_{0i}(j)+\zeta\max_i\max_j\Delta_{0i}(j)}{\Delta_{0i}(j)+\zeta\max_i\max_j\Delta_{0i}(j)}\right)$$

式中，ζ 为分辨系数，一般取值为 0.5。

第五步：计算出行轨迹可行解集合中所有轨迹的灰色关联度，其中，灰色关联度最大的轨迹方案即为最终轨迹补全方案。

7. 算法有效性分析

在数据集中随机选取不存在漏检的路径构成原始路径集 $P_{\mathrm{L}}=\{p_1,p_2,\cdots,p_i,\cdots,p_m\}$，针对该路径集的每条路径，随机删除 j 个连续节点模拟漏检节点，形成待补全路径集 $P_{\mathrm{L}j}=\{p_j^1,p_j^2,\cdots,p_j^i,\cdots,p_j^m\}$，再对该待补全路径集执行轨迹补全算法，得到新的补全路径集 $P'_{\mathrm{L}j}=\{p_j^{1'},p_j^{2'},\cdots,p_j^{i'},\cdots,p_j^{m'}\}$，建立准确率向量 $\boldsymbol{\zeta}_j=(\zeta_j^1,\zeta_j^2,\cdots,\zeta_j^i,\cdots,\zeta_j^m)$，$\boldsymbol{\zeta}_j$ 取值方法为

$$\boldsymbol{\zeta}_j^i=\begin{cases} 1, & p_j^{i'}=p_i \\ 0, & p_j^{i'}\neq p_i \end{cases}$$

则补全算法在删除节点数为 j 时的准确率为

$$\psi_j=\frac{\sum\limits_{i=1}^{m}\zeta_j^i}{m}\times 100\%,\quad m\ 取\ 300$$

4.2 基于交通大数据的城市出行结构分析案例教学指导

4.2.1 教学目标

在城市信息化浪潮发展与数据科学崛起的共同推动下,交通大数据开始成为下一代城市化发展的新理念和新实践,包括 GPS 数据、公交 IC 卡数据、卡口数据等在内的多元交通大数据正以惊人的速度产生,应用场景也越来越广泛。通过对城市交通场景下的多源数据进行动态监测、分析、整合和利用,能够实现对交通状态的实时感知与精准研判。

本案例基于实际的项目课题,简单论述了城市交通大数据的结构特点,以交通卡口车牌识别数据为基础数据集,引导学生学习和掌握基本的数据清洗和数据分析方法,使学生了解简单的数据挖掘手段,具体包括:缺失数据的增删、路网节点的补全和可视化分析、出行频率的统计和可视化分析、OD 对的统计和可视化分析、出行轨迹的补全和可视化分析、出行结构的聚类分析、简单的流量预测等。

4.2.2 分析思路

(1)明确研究问题。信息化时代,交通数据每天都在产生,数据种类多样。许多交通问题的解决可以依托交通大数据。在利用交通大数据前,明确研究问题,高效地收集有效数据,便于问题的解决。

(2)数据采集。交通数据多样,包括 GPS 数据、公交 IC 卡数据、卡口数据等在内的多元交通大数据正以惊人的速度产生。同时,数据采集手段多样,如公共交通运行后台、路边传感器采集、视频采集等。选择可行、合理、高效的数据采集方法更利于问题的解决。

(3)数据清洗。交通数据往往比较庞大,在数据分析前需要去掉重复数据、无效数据、无关数据。再对数据进行选择、插值等操作,确保得到利于问题分析的研究数据。

(4)数据分析。对有效的研究数据进行统计分析,了解相关交通现象或特点,结合交通领域专业理论知识,进行进一步分析,如构建行人出行结构、反推行人出行路线等,从而解决研究问题。

(5)数据挖掘。交通大数据应用场景越来越广泛,反思数据背后代表的交通现象,以及产生原因。挖掘数据更深层次的价值,与其他便民服务相结合,为数据赋予意义,改善生活。

4.2.3 课堂设计

1. 课时分配

共 3 个课时(45 min 为 1 个课时):

(1)教师案例讲解:60 min。

(2)学生小组讨论:30 min。

(3)课堂小组代表发言并进一步讨论:30 min。

(4)教师课堂讨论总结:15 min。

2. 讨论方法

(1)学生自行准备。在正式开始案例教学前 1~2 周,将案例材料发放给学生。让学生有充分的时间阅读案例材料、查阅相关材料、搜集必要信息并积极思考,初步形成关于案例中问题的解决思路。

(2) 小组内部讨论。在课堂上将学生划分为 3~6 人的小组,小组以自定的方式进行组织讨论,教师可不进行干涉。

(3) 小组集中讨论。每个小组派出自己的代表,发表本小组对案例的分析和意见,发言完毕后接受其他小组成员的提问并做出解释,本小组成员可补充回答问题。

4.2.4　要点汇总

借助实例,帮助学生了解大数据学习中,数据清洗大致思路、数据分析一般流程、数据挖掘典型方法等一整套完整处理步骤,使学生对交通大数据和大数据处理分析方法有更深的认识。

思考题

1. 交通大数据可以用来解决哪些问题?
2. 大数据是更好的数据吗?
3. 如何辩证看待大数据的热潮?

参考文献

[1]　杨飞. 基于手机定位的交通 OD 数据获取技术[J]. 系统工程, 2007, 25(1): 7.

[2]　DUAN Z, LIANG L, SHANG W. MobilePulse: Dynamic profiling of land use pattern and OD matrix estimation from 10 million individual cell phone records in Shanghai [C]. International Conference on Geoinformatics. IEEE, 2011: 1-6.

[3]　BAGCHI M, WHITE P R. the potential of public transport smart card data[J]. Transport Policy, 2005, 12(5): 464-474.

[4]　陈学武, 李海波, 侯现耀. 城市公交 IC 卡数据分析方法及应用[M]. 北京: 科学出版社, 2014.

[5]　徐建闽, 熊文华, 游峰. 基于 GPS 和 IC 卡的单线公交 OD 生成方法[J]. 微计算机信息(测控自动化), 2008, 24(22): 221-222.

[6]　PARK D, RILETT L R, GAJEWSKI B J, et al. Identifying optimal data aggregation interval sizes for link and corridor travel time estimation and forecasting[J]. Transportation, 2009, 36(1): 77.

[7]　RAKHA H, EL-SHAWARBY I, ARAFEH M. Trip travel-time reliability: issues and proposed solutions[J]. Journal of Intelligent Transportation Systems, 2010, 14(4): 232-250.

[8]　CLARK S, WATLING D. Modelling network travel time reliability under stochastic demand[J]. Transportation Research Part B, 2005, 39(2): 119-140.

[9]　ASAKURA Y, HATO E, KASHIWADANI M. Origin-destination matrices estimation model using automatic vehicle identification data and its application to the Han-Shin expressway network[J]. Transportation, 2000, 27(4): 419-438.

[10]　DIXON M P, RILETT L R. Population origin-destination estimation using automatic vehicle identification and

volume data[J]. Journal of Transportation Engineering，2005，131(2)：75-82.

[11] MA Y，KUIK R，ZUYLEN H. Day-to-day origin-destination tuple estimation and prediction with hierarchical bayesian networks using multiple data sources[J]. Transportation Research Record：Journal of the Transportation Research Board，2013，2343(1)：51-61.

[12] 姜桂艳，常安德，牛世峰. 基于车牌识别数据的交通拥堵识别方法[J]. 哈尔滨工业大学学报，2011，43(4)：131-135.

[13] EAGLE N，PENTLAND A S. Eigenbehaviors：identifying structure in routine[J]. Behavioral Ecology & Sociobiology，2009，63(7)：1057-1066.

[14] YANG C，YAN F，UKKUSURI S V. Unraveling traveler mobility patterns and predicting user behavior in the Shenzhen metro system[J]. Transportmetrica，2018，14(7-8)：576-597.

[15] VACCA A，MELONI I. Understanding route switch behavior：An analysis using gps based data[J]. Transportation Research Procedia，2015(5)：56-65.

第 5 章　大学生方程式赛车车架轻量化分析

汽车轻量化技术作为改善汽车与能源、环境之间矛盾的关键技术手段，已成为各大汽车企业及科研院所的重点研究方向。而车架作为汽车的一个重要组成，起着支撑和连接汽车各总成的作用，直接影响着汽车的操稳性与安全性，因此，针对汽车的轻量化设计具有重要的工程应用价值。本章结合大学生方程式赛车车架，通过收集现有资料、总结等素材，编写案例，形成案例教学材料，以帮助学生提高理论联系实际的能力，帮助教师提高科研能力。

5.1　大学生方程式赛车车架轻量化分析案例

中国方程式汽车大赛最早由中国汽车工程学会于 2010 年创办，旨在培养高校学生的汽车设计、制造和测试能力，大赛规则要求参赛队伍在一年时间之内独立设计制造一台小型单人座休闲赛车，并对赛车的加速、制动以及转弯等性能进行考察。经过十多年的发展，参赛高校由最初的 20 所壮大到了当前的 80 多所，参赛队伍在赛车的制造过程中也达到提升动手能力、创新能力以及团队协作能力的目的，同时赛事紧密结合汽车行业的先进技术，将前沿技术与课本理论知识有效结合，为汽车行业输送高质量人才。

全球能源危机问题日益突出，节能减排在汽车行业越来越受到重视。中国汽车工程学会在 2016 年发布的《节能与新能源汽车技术路线图》中提出到 2030 年整车装备减重 35% 的目标，同时行业相关专家也提出了未来汽车发展应着重于“绿色汽车”的方向，因此，在中国大学生方程式大赛中也将汽车轻量化设计作为其中的一个重要考察项目。

5.1.1　案例背景

汽车作为重要的交通和运输工具，自被发明至今已超过 100 年，而这一个世纪的征程也见证了全球汽车产销量和保有量的爆炸式增长，随着近年来汽车工业的蓬勃发展，国内汽车的产销量和保有量不断刷新历史，但汽车工业的快速发展消耗了大量石油和天然气等不可再生自然资源，加剧了我国日益严峻的能源危机，同时环境能源问题日益严重，对此，我国从 2009 年起相继出台了“十城千辆”示范推广工程、《电动汽车科技发展“十二五”专项规划》、《节能与新能源汽车产业发展规划(2012—2020)》等政策，增加国内新能源汽车的产销量，壮大新能源汽车产业链，而要促进车辆节能减排，使用清洁能源是一方面，车辆轻量化也是一条高效可行之路，据相关研究表明，汽车整备质量每降低 10%，其燃油消耗可改善 6%~8%，相应的尾气排放将减少 4.5%，而白车身占整车质量的 20%~30%，在空载情况下燃料消耗约 30%。其中车架在汽车质量中占比较大，因此，车架轻量化设计是汽车轻量化设计的重要内容。

在材料轻量化的研究应用中，Savic V 等使用 3GAHSS 在中型轿车车身底侧结构上实现约

30%的减重。Sellitto A 等通过使用复合材料对汽车引擎盖进行轻量化设计。Martinez CS 等在学生方程式大赛中采用复合板(环氧增强碳纤维与泡沫构成)制成的单体壳车架实现减重。

在工艺轻量化的研究应用中,Ivanjko M 等通过对 TWIP 钢类新型轻质材料的使用和新型连接技术的加入进行车身减重。Meschut G 等以铝与冲压硬化硼钢的连接为例,通过高效的连接技术对车身进行减重。Demirkaya Sinem 等将 22MnB5 钢板运用热成形工艺设计车身 A 柱实现减重 33%。

在结构轻量化的研究应用中,Na W J 对低地板客车从结构体系的多层次优化出发,对车身关键局部结构进行优化设计。Klaus F 等利用拓扑优化与形状优化实现车身减重。Laxman S 等将某车身驾驶室进行拓扑优化并轻量化设计,成功实现驾驶室减重。

随着我国汽车自主品牌的崛起以及国家政策上的大力支持,我国在轻量化研究方面不仅重视加强自主研发,同时也在引进学习国外先进技术,并且取得了一定的成绩。

在材料轻量化的研究应用中,清华大学付海龙通过研究 AZ31B 镁合金特性对车身前纵梁方管的厚度进行优化,在提升前纵梁方管的碰撞安全性能条件下实现质量减少 73.96%。青岛大学刘越运用碳纤维复合材料设计汽车横梁,在提升扭转刚度性能的同时实现汽车横梁质量减少 67.09%。吉林大学刘芳芳对玄武岩纤维铝合金层合板进行研究,在提升车门抗撞性的前提下,降低车门外板质量 21%。

在工艺轻量化的研究应用中,江苏大学徐浩通过优化汽车后纵延伸梁的冲压成形技术,实现 12.5%的最大减薄率。合肥工业大学余凯以扭力梁横梁为研究对象,进行热成形工艺的研究,结果表明同等条件下热成形工艺制造的扭力梁变形所需能量是冷成形的三倍。施欲亮等在前纵梁减重中运用拼焊板,在保证强度和刚度的同时减重 17.7%。

在结构轻量化的研究应用中,华中科技大学李雄良采用拓扑优化和尺寸优化对 FSAE 赛车车架进行轻量化设计,实现车架减重 17.1%。Wang O F 等提出一种进行正面子模块轻量化优化的方法,通过构造隐式参数化正面白车身结构,结合正面 BIW 结构和背面有限元结构,建立耦合 BIW 模型,从正面白车身结构中提取形状和厚度变量,分析完整白车身的性能,再经 Isight 平台完成优化设计,实现减重 5.7%。温州大学 Shan Z Y 等利用灰色关联分析和最佳变异系数(GRA&OCV)对乘用车座椅进行多目标轻量化优化,实现乘用车座椅减重 12.46%。

5.1.2 案例内容

1. 赛车式样

赛车必须车轮外露和座舱敞开,并且四个车轮不能在一条直线上,如图 5-1 所示。

图 5-1 方程式赛车式样示意图

车轮外露即须满足以下要求:

(1)从垂直车轮上方看,前后车轮上半部分不允许被遮挡。

(2)从侧面看,前后车轮不允许被遮挡。

(3)必须同时符合空气动力学装置的尺寸和要求。

(4)所有检测都使用干胎。

车身要求:除了驾驶舱必须开口以外,从赛车最前端到主防滚架（或防火墙）的这段空间里，不允许车身上有深入驾驶舱的开口。允许在前悬架的零件处有微小的开口。

轴距要求：赛车的轴距至少为 1 525 mm（60 英寸）。轴距是指在车轮向正前方时后线地面上前轮中心点和后轮中心点的投影之间的距离。

轮距要求：赛车较小的轮距（前轮或后轮）必须不小于较大轮距的 75%。

2. 车身结构选择

单体壳式车架是一体壳体结构，如图 5-2（a）所示，通过其壳体结构表面作为承载，多为碳纤维材料制造，质量轻、精度高、硬度强并且性能优越，但是制造成本高，生产技术要求更加严格，并且在后期车架改进调整时较困难，因此采用此结构的院校相对较少。

空间桁架式车架是目前我国大学生方程式赛车大赛中运用最广的一种车架结构，如图 5-2（b）所示。它通过一定的焊接方式将不同管径和不同管厚的管件进行连接，制造过程相对简单，制造成本较低，并且容易在制造完成后较为简单地对管件的布置结构进行改进。

（a）单体壳式车架

（b）空间桁架式车架

图 5-2　大学生方程式赛车车架

其中单体壳式车架制造成本较高，后期修改调整难度较大，因此本案例以空间桁架式车架为分析对象。

3. 车架材料及焊接

管件材料具有的物理性质和力学属性直接关系到车架的强刚度、质量和焊接的难易程度。本次车架设计的选材提供了四种材料供选择，见表 5-1，以下四种材料的密度都在 7 850 kg/m^3 左右，因此不从车架的质量层面进行选择，而从材料的力学性能和焊接性能方面进行考虑，所以车架材料选择 30CrMo 合金钢。

表 5-1　常见材料性能参数

材料名称	屈服强度/MPa	抗拉强度/MPa	焊接性能
Q235	235	≥205	不需预热，焊接性能优
Q345	345	≥490	不需预热，焊接性能良好
35CrMo	835	≥985	需预热，焊接性能普通
30CrMo	785	≥930	不需预热，焊接性能优

车架结构采用空间桁架结构，其中约有 40 个部位需要进行焊接，表 5-2 中介绍了几种常

见的焊接方法,其中手工电弧焊的生产效率较低,劳动强度过大;二氧化碳气体保护焊和氩弧焊的焊接效率比较接近,成本比普通电弧焊都低50%左右,操作安全性也比手工电弧焊高,二氧化碳保护焊唯一的不足便是容易产生烟尘和某些刺激气体,结合实际情况考虑,车架的焊接选用二氧化碳保护焊。

表 5-2　常用焊接方法

焊接方法	热影响程度	变形程度	生产率	可焊空间位置
手工电弧焊	较小	较小	较低	全位置
氩弧焊	小	小	较高	全位置
二氧化碳气体保护焊	小	小	较高	全位置

4. 人机模型搭建

对人机模型进行搭建,如图5-3(a)所示,以确定前环和前隔板的高度、驾驶舱的空间大小、头枕的安装位置等参数,用以满足驾驶人的所有驾驶条件。再根据人机实验数据、整车布置以及零部件拆装的便捷性在CATIA中建立车架的三维模型,建立完成的三维模型如图5-3(b)所示。

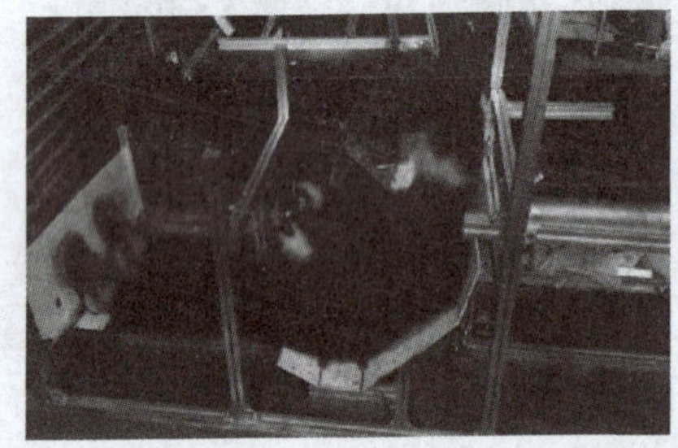
(a) 人机模型搭建

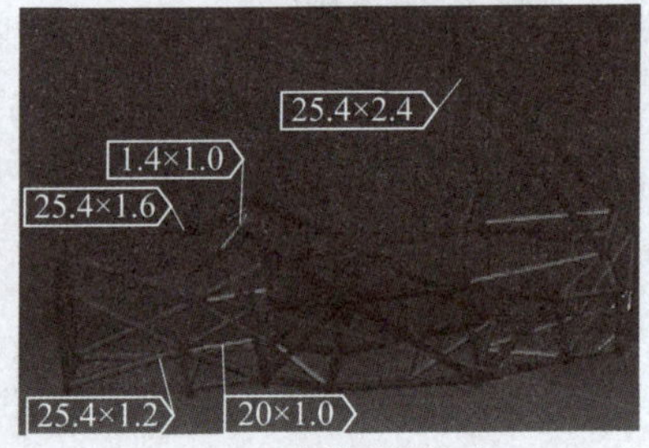

(b) 三维模型的搭建

图 5-3　车架结构设计

5. 有限元法基本原理

有限单元法(finite element method)简称有限元法,是一种以力学理论为基础,综合力学、数学、计算机科学等学科的数值计算方法,可广泛应用于各种微分方程描述的场问题的求解。有限元法诞生于20世纪50年代末期,最初该方法被应用于航空器材的结构强度计算,随着计算机技术的快速发展和普及,如今有限元方法已广泛应用于几乎所有的科学技术领域,现已成为计算力学和计算工程科学领域中行之有效的计算方法。由有限元方法衍生出的有限元分析(finite element analysis),是计算机辅助工程(computer aided engineering)的重要承载部分。

有限元法的核心思想是“化整为零”和“化零为整”,是运用变分原理求解偏微分方程的一种数值计算方法。“化整为零”指的是离散化,其基础是变分原理和加权余量法,把计算域划分为有限且互不叠加的单元,使原本连续的求解域分切成由有限单元组成的离散化模型。“化零为整”是将模型看作一个整体,通过研究模型的整体形式和结构,得出需要得到的参数或者相关结论。单元之间的连接点称为“节点”,根据节点未知因子的划分,有限元方法又可分为位移法、应力法和混合法。现在普遍使用位移法,在位移法中用位移或位移场表示单元内物理量的变化,由于用该量表示的函数常由插值构成,故称为插值函数。利用变分原理和虚功原理，在确定了的插值函数中建立单元节点力向量和节点位移向量之间的平衡关系，结合矩阵表示方法，建立单元刚度矩阵。应用节点力平衡条件，将所有单元刚度矩阵方程扩展后叠加，通过坐标变换，将局部坐标系下的单元刚度矩阵转变为整体坐标系下的单元刚度矩阵，并建立结构整体节点力与位移的关系方程、结构总刚度方程。方程组建立完毕后，引入约束条件即可对结构节点位移进行求解，代入单元刚度方程后求得节点力、各单元内部应力和应变分量。基于以上的基本思想和理论，说明应用有限单元法求解出的结果应是一种对于精确解的逼近。

有限元理论的力学模型是在弹性力学的基础上建立起来的，本案例的有限元静力学分析也是基于弹性理论出发的，而弹性理论的力学模型是基于以下五个假设建立的。

(1)连续性假设：假定所研究的弹性体内部由组成物体的介质充满，介质与介质之间不存在任意大小的间隔，物体的连续性不随变形而改变。按照该假设，物体所有的物理量均为物体空间的连续函数。当然此假设是基于宏观做的假设，不适应微观。

(2)完全弹性假设：假定物体的应力和应变之间有一定的对应关系，该关系不随时间改变，也与变形历程不存在相关性，弹性常数不随应力应变的变化而改变。该假设的宏观表现是：物体变形之后能完全恢复原形，且没有残余形变。

(3)均匀性假设：假定弹性物体是由同一类别的均匀材料构成，物体任意部分的物理性质和弹性常数相同，与坐标位置不具有相关性。也就是说物体各个部分的材料相同，任意部分都有相同的弹性。

(4)各向同性假设：假定物体在各方向上都具有相同的物理性质和弹性常数，不随方向的变化而变化。

(5)小变形假设：假定物体的形变和位移均是微小的，所谓微小是指物体的位移或形变均小于其原始尺寸。此假设使变形相对于原始尺寸来说属于高阶小量，在计算中可以略去，使几何方程线性化。

作为一种数值计算方法，有限元方法自身还具有以下特点：

(1)任意物理场问题都可以运用有限元法进行分析，包括热传导、强刚度分析、流场等。

(2)对几何形状没有限制条件，分析的物体或区域可以是任何形状。

(3)对边界条件和载荷无限制。

(4)可以将不同行为和不同数学描述的分量结合起来，形成表征结构的具体模型。因此，单个有限元模型可以包含杆、梁、板等单元。

通过网格细分可以改善解的逼近度，这样在场梯度的地方就会出现更多的单元，需要解更多的方程。

6. 有限元分析步骤及实现过程

一般有限元分析可以总结为以下两个步骤。

(1)结构离散化：结构离散化的目的是将结构本身的几何表面作为边界，将其划分成有限个单元，单元与单元之间通过节点进行连接。离散化是有限元分析的第一步，单元类型的选择和单元大小的选择都直接影响到计算的精度和效率。

单元类型：离散化的首要任务就是对单元类型进行确定，要通过计算模型确定，不同的结构形式、分析级别和分析类型都有可能选取不同的单元类型。包括选取单元形状、确定单元节点数、确定节点自由度这三方面内容。

单元划分：一般而言，网格划分越细，计算结果越趋近于精确值，但是网格过密会在运算过程中占用较大内存、需要较多时间，网格过粗又会降低分析精度，故而选择合适的网格密度很重要。网格粗细需要根据实际的分析内容而定，例如，对于模态分析而言，网格可以略粗一些，对于应力结构分析来说则希望网格能够细一些。单元网格的急剧变化会影响附近的应力分布，所以单元网格的密度需要渐变过度。同时，由于单元内部位移场关系式有所区别，造成三角形单元内部的应力应变为一常数，而四边形不为常数，所以为了使计算趋于精确，在进行单元划分时应尽可能划分为四边形单元，三角形单元也应尽量是正三角形或尽量不出现钝角。最后为了方便查看运算结果，还需要对单元和节点进行编号。

(2)单元分析：单元分析的主要目的是建立单元的节点位移和单元节点力之间的关系。主要过程包括以下几个方面：

①单元位移函数的确定：有限元法中一般选用位移法进行分析，建立位移插值函数，位移插值函数为一多项式，项数由单元的自由度数决定。确定好位移模式后，则单元内任意一点的位移可表示为

$$\{d\}=[N]\{\delta_e\} \tag{5-1}$$

式中 $\{d\}$——单元内任一点的位移列阵；

$[N]$——形函数矩阵，又称基本函数矩阵；

$\{\delta_e\}$——单元节点位移阵列。

②单元特性分析：利用弹性力学理论的几何方程，可以根据式(5-1)得出单元内任意一点的应变与节点位移的关系式为

$$\{\varepsilon\}=[B]\{\delta_e\} \tag{5-2}$$

式中 $\{\varepsilon\}$——单元内任意一点的应变列阵；

$[B]$——单元应变矩阵。

利用物理方程，单元应力矩阵与单元节点位移的关系式为

$$\{\sigma\}=[D]\{\varepsilon\}=\{D\}[B]\{\delta_e\} \tag{5-3}$$

式中 $\{\sigma\}$——单元内任一点的应力列阵；

$[D]$——与单元材料相关的弹性矩阵。

根据虚位移原理和变分原理可建立节点应力与位移之间的平衡方程，即

$$\{p_e\}=[K_e]\{\delta_e\} \tag{5-4}$$

式中 $[K_e]$——单元刚度矩阵$[K_e]=\iiint[B]^{T}[D][B]\mathrm{d}x\mathrm{d}y\mathrm{d}z$，值得说明的是式中的积分域为单元的体积。

③整体分析：运用直接刚度法和节点的平衡条件，将各个单元的刚度矩阵集成整体结构刚度矩阵和等效的节点载荷向量，建立整体结构的节点平衡方程为

$$[K][\delta]=\{P\} \tag{5-5}$$

式中 $[K]$——结构整体刚度矩阵；

$[\delta]$——结构整体节点位移列阵；

$\{P\}$——结构整体等效节点载荷列阵。

通过对平衡方程式(5-5)的求解，可得到各个节点的位移量，再根据式(5-3)和式(5-4)分别求出单元的应力和应变。值得说明的是，对于实际的连续体而言，力是通过单元之间的公共

边界从一个单元传递到另一个单元的。而对于离散体而言，假定力是通过节点进行传递的，因而作用在单元上的力都需要等效到节点上去，即在计算时使用等效节点载荷代替原来作用在单元上的载荷。

7. 方程式赛车常见工况下的分析

结构静力学分析在有限元分析中最简单且运用最为广泛，用于计算结构在固定不变的载荷下的作用，忽略了阻尼和惯性的影响，同时载荷的施加与时间之间没有联系。下面对车架进行满载弯曲、满载扭转、高速转弯、紧急制动和直线加速五种工况下的分析，同时检查车架的强度刚度。

1）车架载荷设置及边界条件

车架主要承受的静载荷来自以下几个方面：车架的自重、车手和座椅的质量、电池箱及控制箱的质量、动力传动系统的质量、转向系统的质量，由于在实车实验中没有进行底板的安装，所以不考虑底板的重量，侧围的空套质量较轻不予考虑。下面将主要载荷来源进行列表说明，见表 5-3。

表 5-3　车架负载情况

序号	负载名称	质量/kg	加载方式
1	车架自重	34	重力场
2	车手（包括座椅）	75	均布载荷
3	电池箱总成	74	均布载荷
4	动力传动系统	64	均布载荷
5	转向系统	5	均布载荷

为了保证分析的可靠度，还需要对车架进行约束，依照实际装配中车架前后悬架的安装位置进行约束，以 z 方向为车架正方向，车架右侧为 x 轴，车架纵向为 y 轴，对 x、y、z 的 6 个自由度进行约束，具体约束施加情况见表 5-4，施加约束时必须保证约束位置准确，否则将会出现约束误差过大或者过小，且在不同工况下，车架约束的施加也有所差异。

表 5-4　各工况约束情况

工况约束位置	满载弯曲			满载扭转			高速转弯			紧急制动			直线加速		
	x	y	z	x	y	z	x	y	z	x	y	z	x	y	z
左前悬架等效点		√	√	√	√	√		√	√	√	√	√	√	√	√
右前悬架等效点		√	√		√	√	√	√	√	√	√	√	√	√	√
左后悬架等效点		√		√	√			√		√	√		√	√	
右后悬架等效点		√						√		√	√		√	√	

注：x、y、z 三个方向上的转动自由度对于各工况均不约束。

2）满载弯曲工况分析

满载弯曲工况一般是指赛车在静止状态下，或者在水平良好的赛道上匀速直线行驶时，车架在承受各载荷及车手的重力作用下产生的应力和变形情况。该工况下的车速相对较高，因此对施加在车架上的载荷乘以一个值为 2.0 的动荷系数。分析计算后得到模型的位移云图和应力云图，如图 5-4 和图 5-5 所示。

图 5-4　满载弯曲工况下车架位移云图

图 5-5　车架满载弯曲工况应力云图

满载弯曲工况的分析结果为：车架的最大位移为 1.033 mm，出现在主环固定头垫的横杆上；车架的最大应力为 258.045 MPa，出现在左后悬架上摆臂后点与车架连接的焊接位置。

3）满载扭转工况分析

赛车在行驶过程中，由于路面不平，路面的激励会通过与路面接触的轮胎传递给悬架，悬架会将此激励传递给车架，则车架两边会产生不同的载荷，车架受到扭转，产生扭转变形。以左前轮悬空为例，在左、右前悬架等效点施加一对大小相等且方向相反的集中力 F

$$F=\frac{1.3\times F_f}{2} \tag{5-6}$$

$$F_f=0.44mg \tag{5-7}$$

式中　F_f——前轴荷，N；

m——赛车总质量，kg。

赛车总质量为 320 kg，前后轴荷之比为 44∶56。经计算分别施加的力的大小为 896.9 N，由于添加了等效载荷，需要将其他质量点去除。

分析计算后得到模型的位移云图和应力云图,如图 5-6 和图 5-7 所示。

图 5-6　车架满载扭转工况位移云图

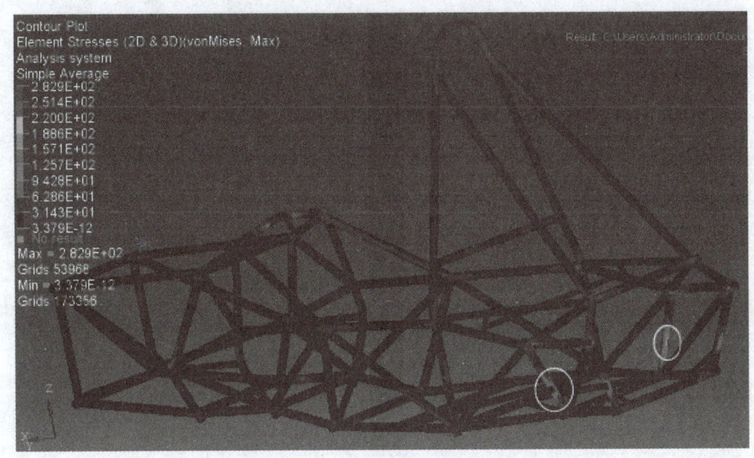

图 5-7　车架满载扭转工况应力云图

位移云图说明位移最大的区域集中在车架前隔板左上角处、前环上部和左端以及主环上部,位移最大位置处在主环上端,位移大小为 3.629 mm;应力云图显示应力较大的地方主要是后悬杆下摆臂杆件与车架连接的支耳周围,应力最大值位置在右后悬架下摆臂前点与车架连接的支耳焊接位置,车架的最大应力为 282.851 MPa,出现在右后悬架下摆臂前点与车架连接的支耳焊接位置。

4)高速转弯工况分析

赛车的“8”字形环绕测试主要衡量赛车在平地上做定半径转向时的转向能力,同时由于测试的车速高,车架受离心力的作用会产生较大的侧向载荷,车架不仅要承受弯曲载荷,还要承受惯性力的作用。离心力是一种虚拟惯性力,其大小与运动物体的质量和加速度有关,即车架所承受的惯性力与车架上承载的所有载荷有关。根据赛道大小计算可得向心加速度大小为 12 m/s^2。

分析计算后得到模型的位移云图和应力云图,如图 5-8 和图 5-9 所示。

图 5-8　车架高速转弯工况位移云图

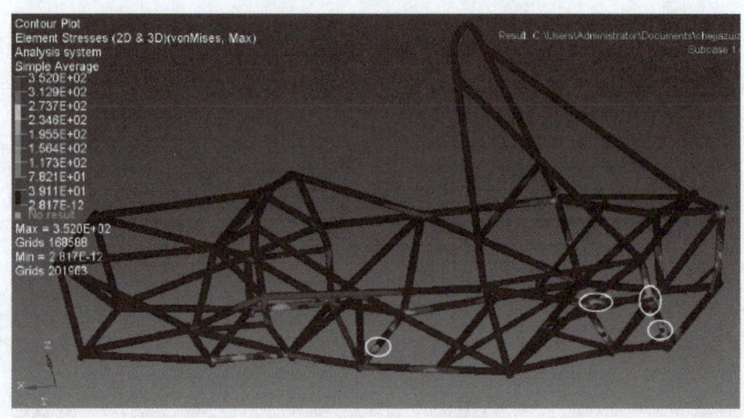

图 5-9　车架高速转弯工况应力云图

图 5-8 中位移较大的区域为方程式赛车的车架尾部,位移最大的点在方程式赛车车架的尾部下左端,最大位移值为 4. 252 mm;如图 5-9 显示最大应力值的区域为方程式赛车后悬架左端上摆臂后点与车架连接的支耳焊缝位置,应力值为 351. 958 MPa。

5)紧急制动工况分析

方程式赛车需要根据不同的赛道和不同的路况对速度进行不同的调控,使得赛车处于最佳的竞技状态,而对速度的调控需要对赛车进行减速或加速,为了检验赛车在紧急制动情况下车架是否处于安全状态,需进行本工况下的分析。赛车车架在紧急制动工况中受到车架自重、车手及座椅重力、发动机总成重力、转向及制动总成的重力。

赛车在制动过程中将产生一个与行驶方向相反的加速度,该加速度与前述的横向加速度一样,也是均匀作用在车架的每一部分上。通过赛车成绩测算可知制动初速度定为 85 km/h,即 23. 6 m/s,轮胎在制动过程中在地面的痕迹长度为 30 m,得到制动加速度为 9. 28 m/s^2。

分析计算后得到模型的位移云图和应力云图,如图 5-10 和图 5-11 所示。

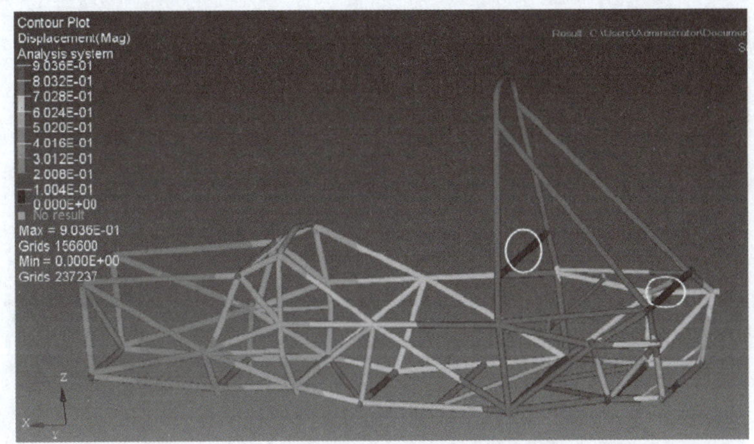

图 5-10　车架制动工况位移云图

图 5-11　车架制动工况应力云图

位移较大的区域为图 5-10 中圈定的区域:主环横杆(座椅的上支撑点)、动力传动系统的左前支撑位置以及主环斜撑之间的横杆。位移最大值为 0.904 mm。

图 5-11 显示应力较大的区域位于后悬架的杆件与车架铰接的 8 个支耳焊接位置区域,应力最大的点位于后悬架上摆臂后点的支耳焊接位置,应力值为 234.422 MPa。

6)直线加速工况分析

当赛车加速行驶时,车架不仅承受与弯曲工况相同的载荷,还受到轮胎与地面接触点的牵引力所产生的纵向惯性力。对应直线加速测试,该测试路面直线距离为 75 m。根据西华大学纯电动方程式赛车的成绩 $t=3.6\ \mathrm{s}$, $v_t=23.6\ \mathrm{m/s}$, $v_0=0\ \mathrm{m/s}$,经计算得到 $a_t=6.6\ \mathrm{m/s^2}$,分析得到模型的位移云图和应力云图,如图 5-12 和图 5-13 所示。

在此工况下车架的位移云图如图 5-12 所示,车架位移较大的区域分别为座椅的下支撑杆和该杆件的前斜杆件、座椅的上支撑杆、主环斜撑、主环斜撑尾部之间的杆,位移最大值为 0.722 mm。

图 5-13 显示车架应力较大区域为后悬架下摆臂与车架连接的支耳焊接处,应力最大的区

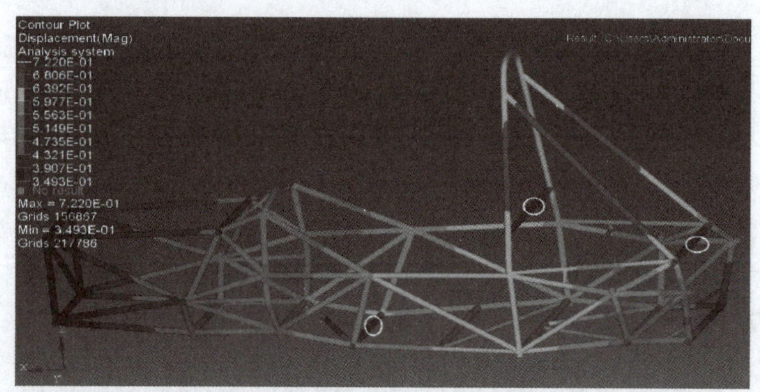

图 5-12　车架直线加速工况位移云图

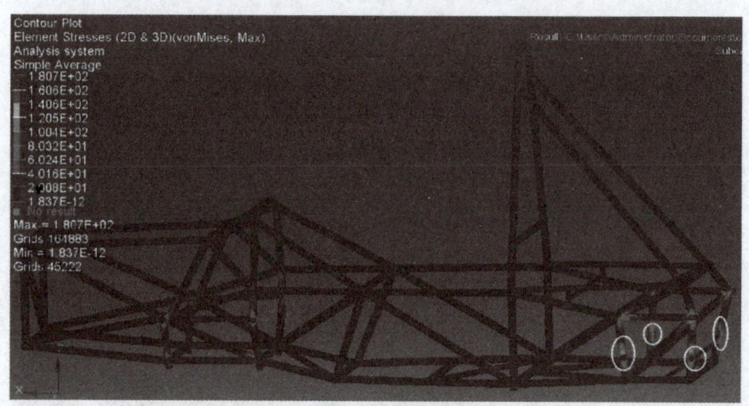

图 5-13　车架直线加速工况应力云图

域为左后悬架下摆臂前点的支耳焊接处,应力最大值为 180.726 MPa。

7) 车架强度校核

强度是指在载荷的作用下,构件抵抗破坏的能力,构件如果出现断裂、永久性变形,或者表面发生损坏将被认为失效。因此强度是保证赛车安全比赛的重要性能指标,具备一定的强度是赛车能够正常工作的必备条件。根据材料力学的第四强度理论(又称畸变能密度理论)和安全系数理论对车架强度进行校核如下:

$$\sigma_{r4}=\sqrt{\frac{(\sigma_1-\sigma_2)^2+(\sigma_2-\sigma_3)^2+(\sigma_3-\sigma_1)^2}{2}}\leqslant[\sigma] \tag{5-8}$$

$$[\sigma]=\frac{\sigma_s}{n} \tag{5-9}$$

式中　σ_{r4}——相当应力,MPa;

$\sigma_1,\sigma_2,\sigma_3$——分别代表为第一、第二、第三主应力,MPa;

$[\sigma]$——许用应力,MPa;

σ_s——屈服强度,MPa;

n——安全系数。

对于塑性材料而言，安全系数取值为1.5~2.5，此处取值为2，30CrMo 钢的屈服极限 σ_s 为785 MPa，代入式(5-8)，解得$[\sigma]=392.5$ MPa。从表5-5中可知，车架在五个工况下屈服极限与最大应力的比值都是大于安全系数2的，即五个工况下的最大应力都比许用应力小。综上说明，车架的安全性较高，结构的强度满足要求。车架的应力值尚有较多富余，因此可进行进一步的优化。

表 5-5　车架最大应力与计算安全系数

赛车工况	σ_s/MPa	σ_{r4}/MPa	n	赛车工况	σ_s/MPa	σ_{r4}/MPa	n
满载弯曲		258.045	3.04	制动		234.422	3.35
满载扭转		282.851	2.78	直线加速		180.726	4.34
高速转弯	785	351.958	2.23				

8）车架刚度校核

刚度是指材料在载荷作用下抵抗弹性变形的能力，它不仅表征材料发生弹性变形的难易程度，还直接与车架的模态频率和振型密切相关。车架在受到外力作用时会产生弯曲变形或扭转变形，而车架作为一个整体结构，需要拥有足够的弯曲刚度和扭转刚度来抵抗变形，所以弯曲刚度和扭转刚度成为了车架设计的主要指标。

在弯曲工况模型的基础上，去除掉原有载荷，约束保持不变，在车架中间位置施加载荷大小为2 000 N的集中力，仿真运算后得到图5-14所示的结果，测量得到位移最大值为3.723 mm，计算后可以得到弯曲刚度为537.2 N/mm。

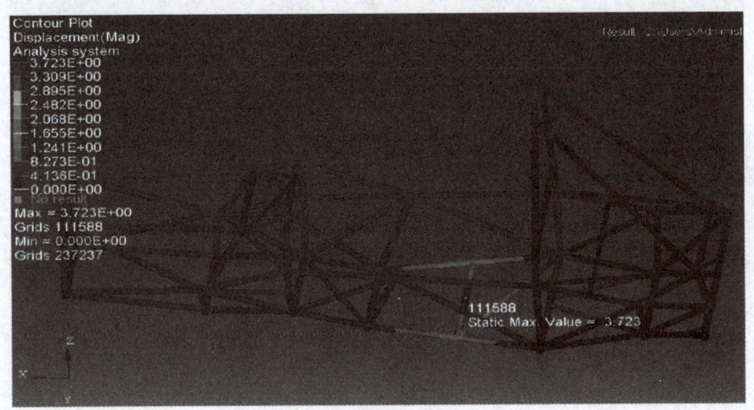

图 5-14　弯曲刚度计算结果

车架扭转刚度计算模型的约束加载如图5-15所示，两端加上方向相反、大小为1 000 N的力，经仿真计算得到图5-16所示的结果，方程式赛车前悬左右下摆臂铰点间距为565 mm，计算可得 $k_\beta=1\,000\,354.11$ N·mm/(°)，车架扭转刚度在 $10^6\sim2\times10^6$ N·mm/(°)范围之内，说明车架的扭转刚度是符合标准的。

9）小结

根据赛车的运动情况结合方程式赛车比赛规则，对赛车在几种工况下的车架受力情况进

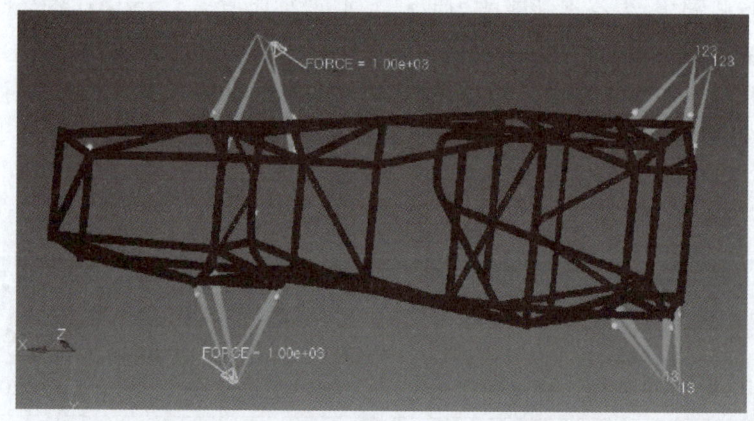

图 5-15　车架扭转刚度计算模型

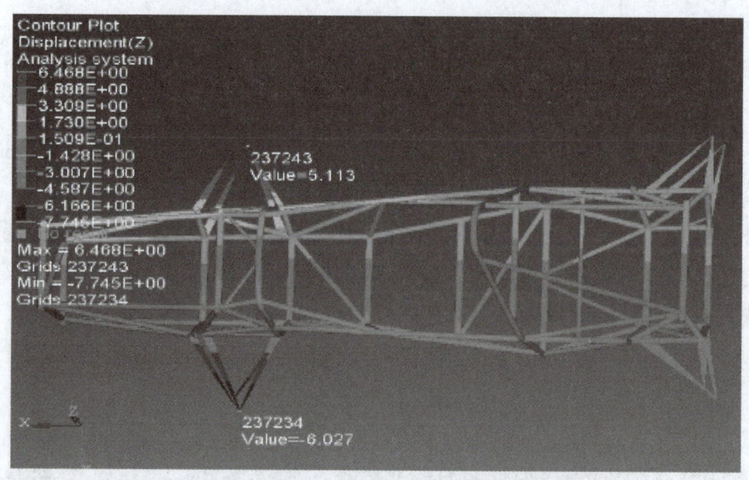

图 5-16　车架扭转刚度模型位移计算结果

行仿真分析，应用仿真结果对车架的强度进行校核，应用简化受力和简化分析方式的方法对车架的弯曲刚度和扭转刚度进行分析并对扭转刚度进行了校核，最终得出了车架有较大轻量化优化空间的结论。

8. 车架结构优化

结构优化是指：在给定的约束和工况条件下，通过寻找结构最优的形状、尺寸和拓扑形态，以此提高结构的性能。

结构优化可以分为拓扑优化、形貌优化、尺寸优化、形状优化几个方面。具体来说，拓扑优化是指在给定边界条件和性能指标的前提下，在指定设计空间内生成优化的材料分布；形貌优化是一种形状最优化的方法，与材料分布情况无关，主要是在设计空间内对节点坐标进行调整，获得最佳节点位置，然后利用节点位置对面进行重构，以达到最佳形貌，如汽车钣金件生成加强筋就是利用形貌优化的原理；尺寸优化主要是通过参数调节结构的厚度、截面参数、质量和复合材料的铺层厚度等，从而改变结构的应力、重量和刚度等参数；形状优化是在结构拓扑不改变的前提下对结构边界进行优化，使其拥有精确的形状，即形状优化是拓扑优化之后进行的一种补充手段，是一种对细节的设计。就本案例而言，采用拓扑优化和尺寸优化结合的形式对车架进行结构优化，最终实现车架的轻量化。

本案例采用拓扑优化车架结构，优化设计包括三个要素，设计变量（设计区域）、约束条件和目标函数，优化设计的目的是将所选择的设计变量达到目标值。具体来说包括三个要素的数学模型，可以表达为

最小化：

$$f(x)=f(x_1,x_2,\cdots,x_n) \tag{5-10}$$

约束条件：

$$\begin{cases} g_j(x)\leqslant 0 & j=1,\cdots,m \\ h_k(k)=0 & k=1,\cdots,m_h \\ x_i^L\leqslant x_i\leqslant x_i^U & i=1,\cdots,n \end{cases} \tag{5-11}$$

其中，x 为设计变量，可以进行变化；$f(x)$ 为目标函数，表示结构的某种性能，如应力、柔度等；$g_j(x)$ 为不等式约束函数，需要设计响应；$h_k(x)$ 为等式约束函数；上角标 L 为约束上限；上角标 U 为约束下限。值得说明的是 $f(x)$、$g_j(x)$ 既可以是线性函数也可以是非线性函数或显性、隐性函数。

下面利用 Hyperworks 软件的 Optistruct 求解器进行拓扑优化，具体的优化流程如图 5-17 所示。

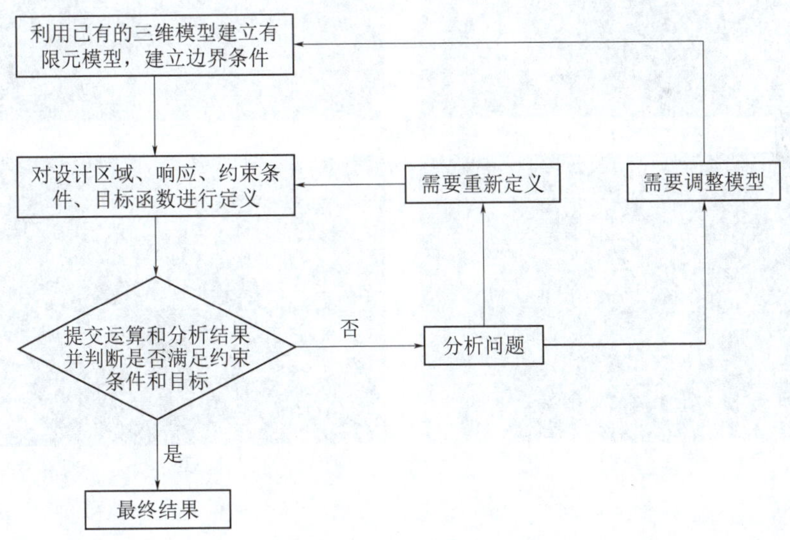

图 5-17　拓扑优化流程

由于方程式赛车比赛规则中对车架结构的规则限制较多，若对车架的整体都进行优化，其效果往往不理想，难以对车架进行全方位的改进，而且车架在各个工况下承受的载荷较为复杂，根据以上原因，为了获得最佳的优化效果，采用对车架进行局部优化设计。在静力学分析中已经确定车架的危险工况为高速转弯，且车架的尾部应力和位移都较大，因此将车架的尾部定义为设计变量，并根据建立好的有限元模型改进为拓扑优化模型，经过 22 次的迭代运算后，得到图 5-18 所示的拓扑优化结果云图。

图 5-18　拓扑优化结果云图

根据拓扑优化结果对车架结构进行改进，改进结果如图 5-19 所示。

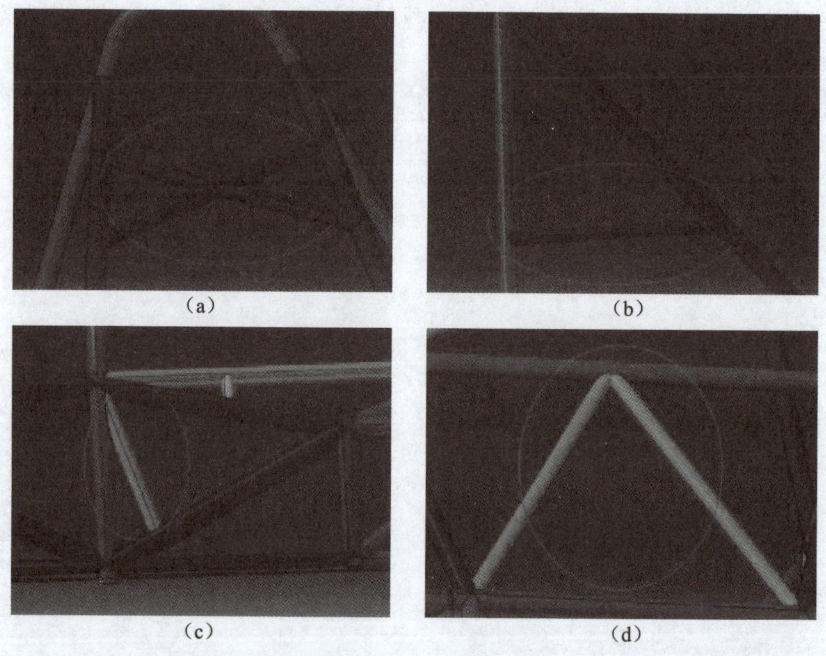

（a）　（b）

（c）　（d）

图 5-19　改进结果

所做的改进分别为：在主环斜撑之间布置叉字钢管［见图 5-19（a）］，尺寸为 25.4 mm×2.4 mm；在主环与斜撑之间新增一根钢管［见图 5-19（b）］，尺寸为 25.4 mm×2.4 mm；在主环下方的三角形区域新增一根钢管［见图 5-19（c）］，尺寸为 20.0 mm×1.0 mm；电池箱下方的梯形布置变为 V 形布置［见图 5-19（d）］，钢管尺寸保持不变。运用建模软件中的称重工具计算车架新增质量为 1.365 kg，虽然拓扑优化使车架的柔度降低即刚度得到了提升，但是质量较优化前增长了 4%。在静力学分析中已经得出车架应力有较大富余的结论，所以考虑对车架进行尺寸优化让车架的重量下降。

9. 车架尺寸优化

尺寸优化的参数设置流程与拓扑优化流程一样，需要对设计变量、响应、约束、目标函数进行定义。

(1)设计变量：通过对设计变量进行定义，创建图 5-20 所示设计变量，按照设计规则，前环、主环和胸带安装杆最小厚度需要 1.6 mm，其他最小厚度需达到 0.9 mm，设计变量需要设置的初始值、最低值和最高值参数见表 5-6。

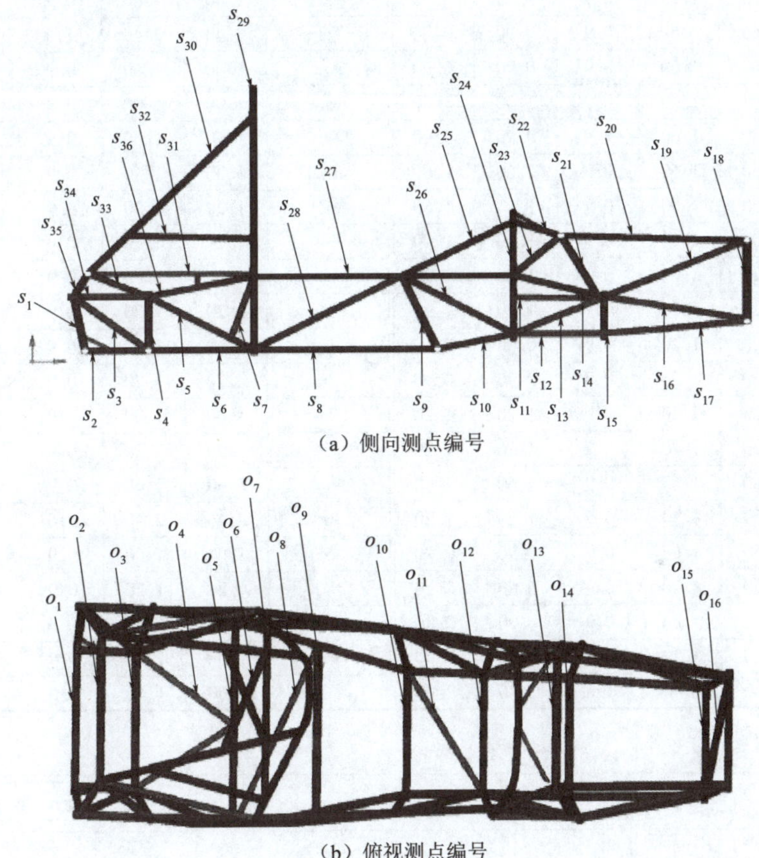

(a) 侧向测点编号

(b) 俯视测点编号

图 5-20　设计变量编号

(2)响应：响应的建立和拓扑优化中完全相同，在此优化中需要建立的是质量(mass)响应和应力(static stress)响应。

(3)约束条件：将材料许用应力设置为应力约束条件中能够达到的应力上限值。

(4)目标函数：将车架的质量设为需要达到的最小目标。

经过 9 次迭代运算，得到图 5-21 所示的质量随迭代次数变化的曲线图，图中可以看出，质量呈现出下降趋势，去除负载质量后计算出车架的质量由 34 kg 下降为 27.3 kg。

10. 轻量化设计后车架验证

再次对车架进行前文中的工况分析，分析条件与前文保持一致，此处不再赘述，具体分析结果如图 5-22 所示，优化后车架应力变化与位移变化见表 5-7。

表 5-6　尺寸优化结果

单位:mm

设计变量名称	初始值	上限值	下限值	计算优化值	修正值	设计变量名称	初始值	上限值	下限值	计算优化值	修正值
s_1	1.20	1.20	0.9	1.20	1.20	s_{25}	1.60	1.60	0.9	1.60	1.60
s_2	1.20	1.20	0.9	0.90	0.90	s_{26}	1.60	1.60	0.9	1.60	1.60
s_3	1.20	1.20	0.9	1.20	1.20	s_{27}	1.60	1.60	0.9	1.60	1.60
s_4	1.20	1.20	0.9	1.20	1.20	s_{28}	1.60	1.60	0.9	0.90	0.90
s_5	1.60	1.60	0.9	0.90	0.90	s_{29}	2.40	2.40	1.6	2.40	2.40
s_6	1.60	1.60	0.9	0.90	0.90	s_{30}	1.60	1.60	0.9	1.15	1.20
s_7	1.00	1.00	0.9	1.00	1.00	s_{31}	1.00	1.00	0.9	1.00	1.00
s_8	1.60	1.60	0.9	0.90	0.90	s_{32}	1.60	1.60	0.9	1.60	1.60
s_9	1.60	1.60	0.9	1.60	1.60	s_{33}	1.20	1.20	0.9	1.20	1.20
s_{10}	1.60	1.60	0.9	1.60	1.60	s_{34}	1.20	1.20	0.9	1.20	1.20
s_{11}	1.00	1.00	0.9	1.00	1.00	s_{35}	1.20	1.20	0.9	0.90	0.90
s_{12}	1.20	1.20	0.9	1.20	1.20	s_{36}	1.60	1.60	0.9	1.60	1.60
s_{13}	1.20	1.20	0.9	1.20	1.20	o_1	1.20	1.20	0.9	1.20	1.20
s_{14}	1.20	1.20	0.9	0.90	0.90	o_2	1.20	1.20	0.9	0.90	0.90
s_{15}	1.20	1.20	0.9	0.90	0.90	o_3	1.20	1.20	0.9	1.20	1.20
s_{16}	1.20	1.20	0.9	1.20	1.20	o_4	1.00	1.00	0.9	1.00	1.00
s_{17}	1.20	1.20	0.9	1.20	1.20	o_5	1.20	1.20	0.9	0.90	0.90
s_{18}	1.60	1.60	0.9	1.60	1.60	o_6	1.60	1.60	0.9	0.90	0.90
s_{19}	1.20	1.20	0.9	1.20	1.20	o_7	2.40	2.40	1.6	2.40	2.40
s_{20}	1.60	1.60	0.9	0.90	0.90	o_8	1.00	1.00	0.9	0.90	0.90
s_{21}	1.20	1.20	0.9	0.90	0.90	o_9	1.20	1.20	0.9	0.90	0.90
s_{22}	1.60	1.60	0.9	0.90	0.90	o_{10}	1.60	1.60	0.9	1.60	1.60
s_{23}	1.20	1.20	0.9	0.90	0.90	o_{11}	1.00	1.00	0.9	0.90	0.90
s_{24}	2.40	2.40	1.6	2.40	2.40	o_{12}	1.60	1.60	0.9	1.60	1.60

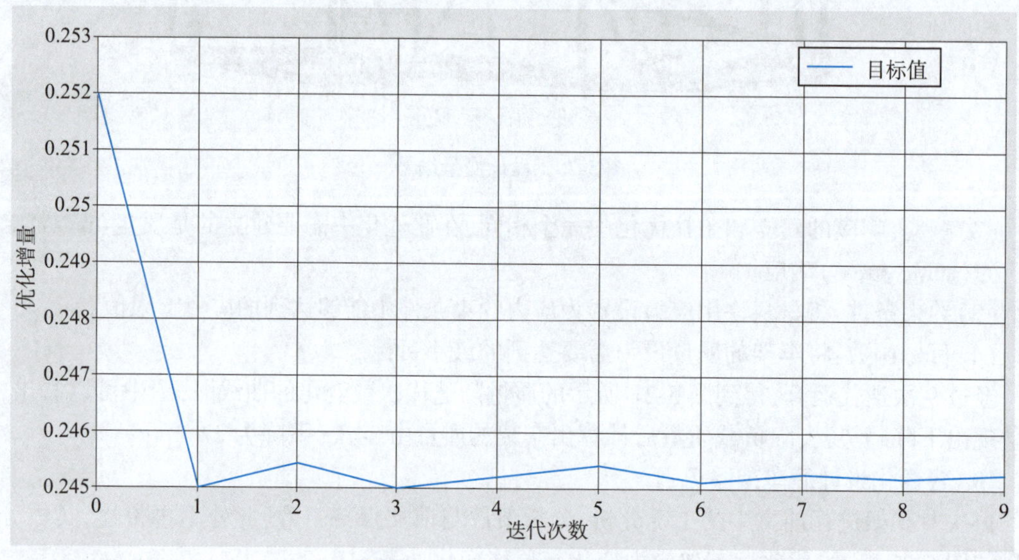

图 5-21　车架的质量迭代过程

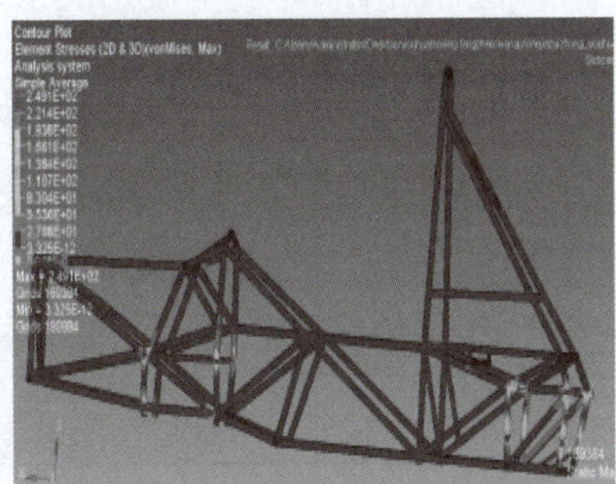

（a）优化后满载弯曲工况应力云图

（b）优化后满载弯曲工况位移云图

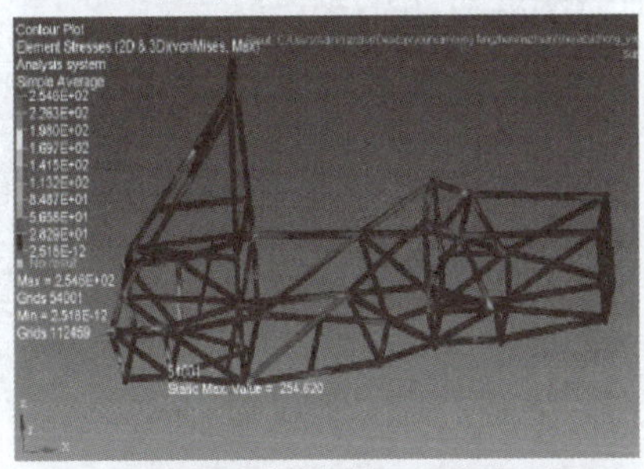

（c）优化后满载扭转工况应力云图

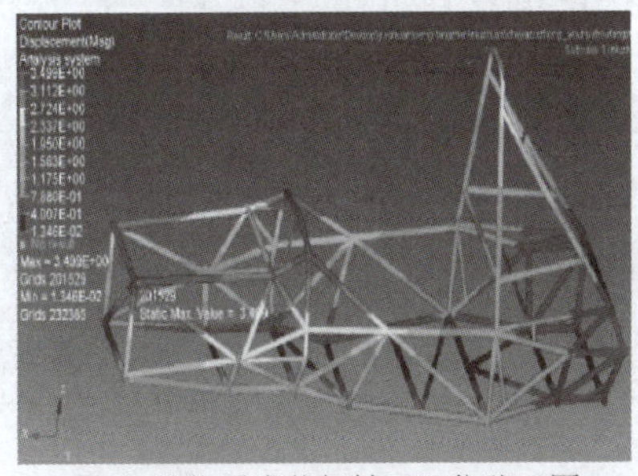

（d）优化后满载扭转工况位移云图

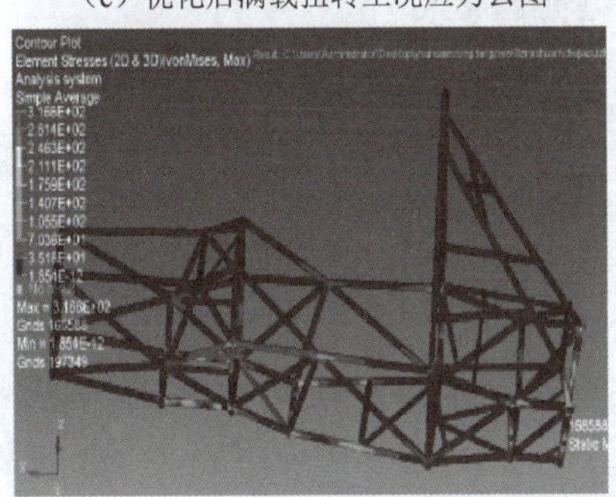

（e）优化后高速转弯工况应力云图

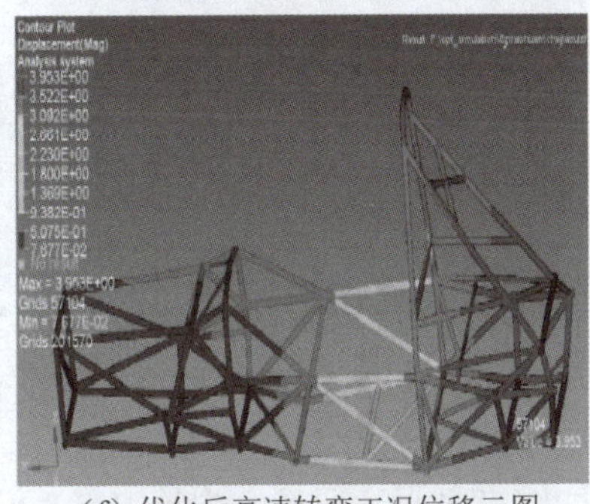

（f）优化后高速转弯工况位移云图

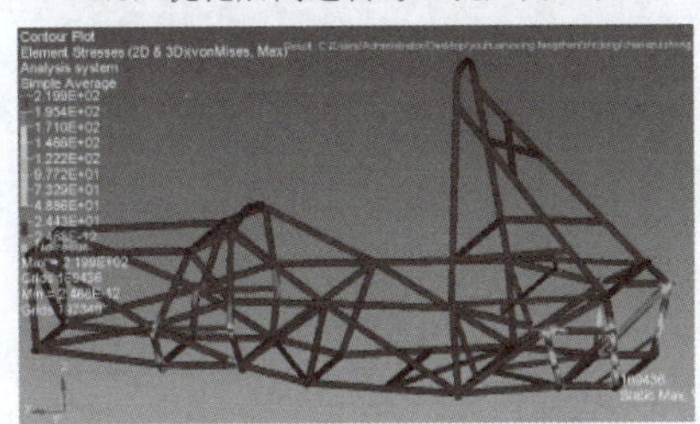

（g）优化后制动工况应力云图

（h）优化后制动工况位移云图

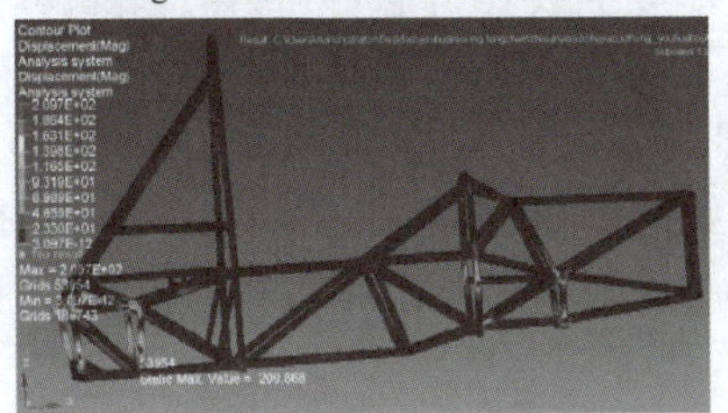

（i）优化后直线加速工况应力云图

（j）优化后直线加速工况位移云图

图 5-22　优化后车架静力学分析

表 5-7 优化后车架应力变化

工况	原车架最大应力/MPa	优化后最大应力/MPa	相对变化量
满载弯曲	258.045	249.111	-3.46%
满载扭转	282.851	254.620	-9.98%
高速转弯	351.958	316.629	-10.03%
制动	234.422	219.880	-6.20%
直线加速	180.726	209.668	+16.01%

优化车架的刚度分析如图 5-23 所示，车架前后刚度对比见表 5-8。

（a）优化后车架弯曲刚度计算结果云图

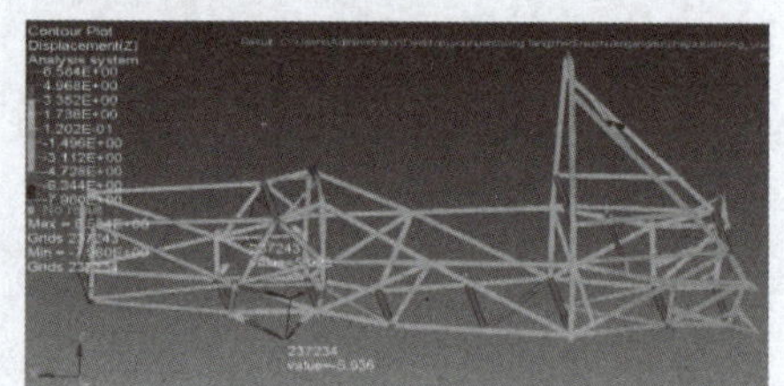

（b）优化后车架扭转刚度计算结果云图

图 5-23 优化后车架刚度分析

表 5-8 原车架与优化后车架刚度对比

刚度类型	原车架	优化后车架	相对变化量
弯曲刚度	537.2 N/mm	556.173 N/mm	+3.53%
扭转刚度	1 000 354.11 N · mm/(°)	1 016 827.14 N · mm/(°)	+1.64%

通过表 5-7 可以看出，优化后的车架除了在直线加速工况下应力有所增大之外，其他工况下的应力都有所降低，优化后车架在直线加速工况下的应力小于许用应力 392.5 MPa，所以优化后的车架能够满足强度要求。根据表 5-8 可知，车架在优化后，弯曲刚度和扭转刚度均有小幅度的上升，扭转刚度仍在适合的范围之内。

5.2 大学生方程式赛车车架轻量化分析案例教学指导

5.2.1 教学目标

中国方程式汽车大赛最早由中国汽车工程学会于 2010 年创办，旨在培养高校学生的汽车设计、制造和测试能力，参赛队伍在赛车的制造过程中也达到提升动手能力、创新能力以及团队协作能力的目的，同时赛事紧密结合汽车行业的先进技术，将前沿技术与课本理论知识有效结合，为汽车行业输送高质量人才，对于交通运输工程领域的专业硕士研究生而言，参加大学生方程式赛车，对于理解和掌握汽车相关知识，培养和锻炼学生实践能力具有重要的意义。

5.2.2 分析思路

本案例介绍大学生方程式赛车车架的结构设计，结合方程式大赛规则以及实际生产制造条件,设计适合方程式赛车车架设计方案,并对初始设计的车架结合赛车实际运行工况进行了有限元分析,主要分析了满载弯曲、满载扭转、高速转弯、紧急制动和直线加速五个工况下车架的应力情况和变形情况。从分析结果可以看出车架的变形都在许用范围之内,且车架的应力远小于材料的许用应力,最终选择了相对车架进行结构优化再进行尺寸优化的轻量化设计路线。

5.2.3　课堂设计

1. 课时分配

共 3 个课时(45 min 为 1 个课时):

(1)教师案例讲解:60 min。

(2)学生小组讨论:30 min。

(3)课堂小组代表发言并进一步讨论:30 min。

(4)教师课堂讨论总结:15 min。

2. 讨论方法

(1)学生自行准备。在正式开始案例教学前 1~2 周,将案例材料发放给学生。让学生有充分的时间阅读案例材料、查阅相关材料、搜集必要信息并积极思考,初步形成关于案例中问题的解决思路。

(2)小组内部讨论。在课堂上将学生划分为 3~6 人的小组,小组以自定的方式进行组织讨论,教师可不进行干涉。

(3)小组集中讨论。每个小组派出自己的代表,发表本小组对案例的分析和意见,发言完毕后接受其他小组成员的提问并做出解释,本小组成员可补充回答问题。

5.2.4　要点汇总

大学生方程式赛车车架轻量化案例涉及的知识点主要有以下几个方面:

(1)掌握方程式赛车车架结构,了解车架结构特征、材料特性、组装工艺。

(2)掌握有限元法基本原理及其分析步骤和实现过程。

(3)了解方程式赛车常见的工况。

(4)构建车架模型,在不同工况下,对车架进行有限元分析。

(5)根据分析结果进行车架结构优化。

思考题

1. 方程式汽车与普通汽车结构有什么不同?
2. 方程式汽车怎样设计更有优势?

参考文献

[1]　SELLITTO A, RICCIO A, MAGNO G, et al. Feasibility study on the redesign of a metallic car hood by using

composite materials[J]. International Journal of Automotive Technology，2020，21(2)：471-479.

[2] KLAUS F，ROLFE B F，TIMOTHY D S. Integrated shape and topology optimization-applications in automotive design and manufacturing[J]. Sae International Journal of Materials & Manufacturing，2017，10(3)：385-394.

[3] 付海龙. 轻质镁合金动态力学特性及其在汽车中的应用研究[D]. 北京：清华大学，2016.

[4] 刘越. 碳纤维增强复合材料扭转梁横梁轻量化研究[D]. 青岛：青岛大学，2020.

[5] 刘芳芳. 玄武岩纤维金属层合板低速冲击性能研究[D]. 长春：吉林大学，2020.

[6] 徐浩. 汽车后纵延伸梁冲压成形工艺优化设计[D]. 镇江：江苏大学，2020.

[7] 余凯. 基于汽车轻量化—乘用车扭力梁横梁热成形工艺研究[D]. 合肥：合肥工业大学，2017.

[8] 施欲亮，朱平，沈利冰，等. 汽车前纵梁的拼焊板轻量化设计研究[J]. 中国机械工程，2008，243(3)：374-377.

[9] 李雄良. FSAE 赛车车架的载荷分析与优化设计[D]. 武汉：华中科技大学，2017.

第6章 地铁列车牵引计算

城市轨道交通列车牵引计算用于城市轨道交通线路设计、运输组织、车辆选型等领域，具有实际意义。本案例通过介绍青岛地铁8号线列车牵引计算过程，使交通工程领域的专业硕士研究生，掌握城市轨道交通列车牵引计算。首先通过原理和计算方法论述基础理论；然后通过案例研究过程，使学生掌握城市轨道交通列车牵引计算流程，包括线路数据的提取，线路数据的分段与保存，列车数据的提取，列车数据的保存等；通过分组选择线路和车辆数据，进行牵引计算实验。最后，根据计算结果，分析列车运行过程参数，包括速度-距离曲线、速度-时间曲线、瞬时速度、区间平均速度、区间运行时分、区段旅行速度、区段技术速度等。

6.1 地铁列车牵引计算案例

随着我国城市化进程的发展，大、中城市均通过调整产业结构，开发城市的主中心区和副中心区，发展卫星城镇等方面重新规划城市，扩大城市区域。大城市巨大的空间范围和交通需求，使其对交通的依赖程度日趋提高。城市交通正在从配套性的服务转变为引导大城市发展的决定因素。同时，由于受到土地、能源、路网容量等资源因素的约束，轨道交通已被放在解决城市交通拥挤的重要位置上，被世界各国公认为城市交通的发展方向。轨道交通所特有的、良好的可持续发展特性更使其作为未来发展的关键。它对于大城市中心区功能的完善及维持大城市中心区的强大，引导城市结构的调整，缓解交通拥挤等发挥着重要的作用。

提高列车的运行速度和牵引重量，保证列车的运行安全和节约能耗，是扩大运输能力、提高运输效益的重要内容。因此必须讲究科学的管理模式，经济合理的机车操纵方式；研究列车的牵引重量、运行速度、制动距离以及机车能耗的相关因素。总之，怎样在保证行车安全的前提下，多拉快跑，节省能耗，是进行牵引计算研究的初衷。具体地说，对于牵引计算的研究，可以解决城际铁路和城市轨道交通在运营和设计中的一些主要技术问题和经济问题。如牵引重量、列车运行速度和区间运行时分、列车制动距离、制动限速、制动能力以及机车能耗等。

城市轨道交通列车牵引计算的用途表现在以下方面：

1. 运输组织

为了使城市轨道交通运输组织做到安全、高效，在修订列车运行图时要进行牵引计算和牵引试验。目的是确定列车运行图中的区间运行时分、区间(区段)目标速度、列车牵引重量、限制坡度、制动能力等运营必需的技术数据。

2. 动车组运用

除了配合运输组织工作外，为了节约能源、优化操纵，可以通过牵引计算寻找答案。牵引计算的模型，是牵引计算结果的内核。在当前计算机牵引计算迅速普及的情况下，设计安全、节能、舒适、准点、停车准确的牵引计算和运行模拟模型是可能的。通过设计优化操纵的牵引计算模型,可以为列车驾驶人学习提供有力的支持和帮助。

3. 选线设计

为了计算通过能力和输送能力,布置车站和动车段,确定线路平纵断面,安排列车交路,在进行线路设计时,有必要进行牵引计算。不同的线路,具有不同的坡度,直接影响到牵引计算的结果。通过比选不同线路的计算结果,可以选择合适的线路,使其满足运行速度、输送能力和通过能力的要求,达到近期和远期运营目标。

4. 通信信号

为了合理布置轨道信号设备,也要进行牵引计算。通信信号设备的位置不同,可能使得线路的限速位置发生变化,从而影响牵引计算的结果。同时,通过改变通信信号设备的布局,可以产生不同的牵引计算结果,从中选择合适的通信信号布局也是进行牵引计算的原因。

5. 运输经济

计算设备投资和运营支出时,需要进行各种方案的经济比选,也要进行牵引计算甚至牵引试验。从前面的论述可知,牵引计算的结果可以影响到运行图铺画、动车组运用、线路选择以及通信信号设置等,因此,从牵引试验或牵引计算中得到基本的技术参数,是进行线路技术经济比较、可行性研究的基础。

随着机车车辆和计算机技术的迅速发展,一方面为利用计算机进行大量烦琐的自动化牵引计算提供了可能,另一方面,原有的手工解析算法和图解算法效率低、精度低的弊端越来越不能满足现场的要求,同时,由于标准的提高和设备的更新,在进行新的线路建设时对牵引计算的要求也越来越高。不但要求列车模型和线路模型等牵引计算的关键模型更加贴近实际目标,而且对计算结果也要求更加准确、可靠,输出形式更加丰富,处理更加便捷。因此,采用计算机进行牵引计算已经是当前牵引计算领域的基本要求。

轨道交通领域的牵引计算研究,已经取得了丰硕的成果。铁道科学研究院的牵引电算软件、西南交通大学朱金陵等人的列车牵引计算及操纵示意图计算机软件、北京交通大学的城市轨道交通运行计算软件等,在铁路行业得到了普遍应用。

近年来,随着城市轨道交通的快速发展,在城市轨道交通项目可行性研究、设计、运营等阶段,越来越多地运用列车牵引计算和列车运行模拟软件,模拟列车运行过程,计算列车运行参数,为车辆选型、运输组织、选线、信号设置等服务。

对于交通运输工程领域的专业硕士研究生而言,学习城市轨道交通列车牵引计算、列车运行仿真、列车操纵优化,理解和掌握城市轨道交通系统中车辆选型、列车运输组织、列车运行优化、客运组织等工作,具有重要的意义。

所以,本案例以城市轨道交通牵引计算项目为基础,阐述城市轨道交通列车牵引计算的目的、意义、计算思路和方法及计算过程,使交通运输专业硕士研究生能够比较深入地理解这一研究领域,从而为培养专业实践能力服务。

6.1.1 案例背景

城市轨道交通建设项目,在可行性研究、设计、运用等生命周期中,都需要模拟列车运行过程,了解列车的运行参数,从而进行线路、车站、信号系统设计与优化,进行高效、安全的运输组织工作,提升系统技术效能和经济效益。

本项目是青岛地铁 8 号线列车牵引计算研究项目,通过对青岛地铁 8 号线的可行性方案、初步设计进行研究,模拟备选动车组在初选运行线路上的运行过程,分析运行参数,包括运行速度、区间运行时分、能耗等参数,为该项目技术经济分析、车辆选型以及运输组织服务。

青岛 8 号线起点为胶州北站,终点为五四广场,主线串联了胶州市、红岛高新区、李沧区、市北区、市南区五个行政区,是连接青岛新机场、北岸城区、东岸城区的快速骨干线路,路线示意图如图 6-1 所示。

图 6-1　青岛地铁 8 号线线路示意图

线路正线全长 61.4 km,其中高架线长 6.42 km,过渡段长 0.46 km,地下线长 54.52 km。设车站 18 座,其中高架站 1 座,地下站 17 座。平均站间距约为 3.57 km,最大站间距为 8.648 km;最小站间距为 1.461 km。

青岛地铁 8 号线主要技术标准如下:

(1)本线为双线线路,线路采用全封闭运行方式,右侧行车,全线独立运营。全线共设车站 18 座,其中高架站 1 座,地下站 17 座。

(2)线路速度目标值为 120 km/h,在胶东机场段限速 100 km/h,即 CK2+823.399 至 CK10+559.98 区段限速 100 km/h。

(3)车辆采用国家标准 B1 型车,初、近、远期 6 节编组,采用 DC1 500 V 第三接触轨受电。

6.1.2　案例内容

1. 列车牵引计算的原理

列车牵引计算的原理是,在牛顿运动学定律基础上,分析列车、钢轨等物体构成的运动系统,通过合理假设和简化,分析列车在受到牵引力、附加阻力、制动力等外力作用下,从起点站运行到限速段,并最终运行至终点站停车这一运动过程,列车运行中受力、加速度、速度、运行距离、运行时间、能耗、运行级位等参数及其变化趋势,为车辆选型、运输组织、线路设计、信号设计等服务。

列车牵引计算系统在线路数据、机车车辆数据以及一定的计算参数确定后,才能进行计算。列车牵引计算的结果受到线路平纵断面、坡段长度等线路参数,机车牵引特性、制动特性、有功电流、车辆编组等车辆参数,计算步长、调速大小等计算参数的综合影响。通过调整线路参数可以分析牵引计算运行时分和线路设计的相互关系,深入领会线路选线、参数设计对列车运营的影响;同样,通过车辆参数的调整可以影响牵引计算的结果,同时牵引计算结果可以反馈车辆设计的更新。牵引计算系统参数的变化同样影响列车牵引计算的结果,这些参数体现了列车牵引计算系统自身参数对牵引计算结果的影响。

2. 列车牵引计算的步骤与数据准备

1)列车牵引计算的步骤

(1)准备线路数据:主要是准备牵引计算所需要的线路参数,包括线路坡段数据、曲线数据、车站数据等。

①线路坡段数据。线路坡段数据包括线路坡段的划分,线路坡段的长度、坡度、长短链等数据。

②线路曲线数据。线路曲线数据包括线路曲线的位置(起点和终点)、线路曲线长度、曲线半径等数据。

③车站数据。车站数据主要提供牵引计算所需要的起止车站位置,列车在车站内的限速及其长度等。包括车站名称、车站位置(中心位置)、车站限速及其长度等。

(2)准备列车数据:对于城市轨道交通系统而言,列车数据就是城市轨道交通动车组的参数。包括列车基本参数、列车牵引力参数、制动力参数等。

①列车基本参数。列车基本参数包括列车长度、列车质量、列车构造速度、列车编组量数、列车输入电压、列车运行阻力参数等。

②牵引力参数。列车牵引力参数用于牵引计算时的牵引力取值,一般为牵引特性曲线,或者牵引力表格形式。

③制动力参数。列车制动力参数用于牵引计算时的制动力取值,一般为制动特性曲线,或者制动力表格形式。

(3)牵引计算的系统参数设置:牵引计算的系统参数,主要是进行牵引计算时系统需要的参数。采取牵引计算软件计算时,常用的参数包括计算步长、计算输出曲线的格式、输出数据的格式等。如果采用手工进行牵引计算时,需要设置计算速度间隔、计算小数位数等。

(4)牵引计算结果的处理:牵引计算结果主要包括牵引计算的结果曲线及计算参数。结果曲线包括速度-距离(*V-S*)曲线、时间-距离(*T-S*)曲线、电流-距离(*C-S*)曲线、能耗-距离(*E-S*)曲线等。计算参数包括列车速度、位置、时刻、电流、能耗、工况、区间运行时间、区间平均速度等。

2)青岛地铁 8 号线的数据准备

本项目使用计算机牵引计算软件进行计算，需要的线路数据来自线路设计文件。从线路平纵断面设计文件中，抽取坡段数据、曲线数据、车站数据以及限速数据。从车辆数据文件中抽取车辆牵引特性、制动特性数据及计算参数。

(1)线路平面：青岛地铁 8 号线起点为胶州北站，终点为五四广场。线路正线全长 61. 4 km，设车站 18 座，其中高架站 1 座，地下站 17 座。最小平面曲线半径：正线 300 m，困难地段 250 m；辅助线 200 m，困难地段 150 m。

(2)线路纵断面：青岛地铁 8 号线的线路起伏在地铁中不算大，最大坡度正线 30‰，辅助线 40‰。线路最小竖曲线半径：区间正线为 5 000 m，困难情况下为 2 500 m；车站端部为 3 000 m，困难情况下为 2 000 m。

线路纵断面数据包括了坡道、曲线两个方面。

①右线。青岛地铁 8 号线右线坡道数据见表 6-1。

青岛地铁 8 号线右线曲线数据见表 6-2。

②左线。青岛地铁 8 号线左线坡道数据见表 6-3。

青岛地铁 8 号线左线曲线数据见表 6-4。

(3)车辆参数：根据青岛地铁 8 号线的初步设计评审意见，对车辆的基本要求包括：

采用 B 型车，最高运营速度 120 km/h，交流传动变压变频控制车组(VVVF)，接触轨下部受电的地铁车辆。DC1 500 V 接触轨受电，电压波动范围为 DC1 000 V～DC1 800 V。列车编组采用 B 型车 6 辆固定编组，站立定员标准采用 4 人/m^2。

初、近、远期均采用 6 辆编组，四动二拖。列车编组形式为

+Tc * M * M+M * M * Tc+

其中，Tc 表示带司机室拖车；M 表示不带受电弓动力；* 表示半自动车钩；+表示半永久牵引杆。

车辆的主要技术参数见表 6-5。

根据对车辆的基本要求和基本参数，参照广州地铁 3 号线的 B 型车以及国内其他 B 型车辆的计算参数，进行本次 8 号线的牵引计算和旅行速度评估。为了叙述方便，下文分别采用“动车组 1”和“动车组 2”代表项目采用的动车组。

动车组 1 的主要参数见表 6-6。

动车组 1 的牵引特性和制动特性数据见表 6-7。

动车组 2 的主要参数见表 6-8。

动车组 2 的牵引特性和制动特性数据见表 6-9。

3)计算依据与方法

此次牵引计算和列车旅行速度评估，根据铁道行业标准《列车牵引计算　第 1 部分：机械牵引式列车》(TB/T 1407. 1—2018)进行。牵引计算的原则是在保证运行安全的前提下，充分发挥车辆的牵引与制动性能，并兼顾乘客舒适性。

青岛地铁 8 号线列车牵引计算项目，采用的是西南交通大学自主开发的城市轨道交通列车牵引计算软件进行计算。

扫一扫

表 6-1　地铁 8 号线坡道数据(右线)

扫一扫

表 6-2　地铁 8 号线曲线数据(右线)

扫一扫

表 6-3　地铁 8 号线坡道数据(左线)

扫一扫

表 6-4　地铁 8 号线曲线数据(左线)

扫一扫

表 6-5　车辆主要技术参数

表 6-6　动车组 1 主要参数

动车组 1 数据						
计算质量/t	列车长度/m	供电电压/V	构造速度/(km/h)	阻力方程系数		
				a	*b*	*c*
299	120	1 500	120	1. 821 4	0. 030 61	0. 000 251

表 6-7　动车组 1 的牵引和制动特性数据

速度/(km/h)	牵引力/kN	综合制动力/kN	速度/(km/h)	牵引力/kN	综合制动力/kN
0	350	350	70	210	350
10	350	350	80	180	350
20	350	350	90	150	350
30	350	350	100	120	350
40	350	350	110	105	300
50	300	350	120	95	240
60	240	350			

表 6-8　动车组 2 的主要参数

动车组 2 数据						
计算质量/t	列车长度/m	供电电压/V	构造速度/(km/h)	阻力方程系数		
				a	*b*	*c*
299. 76	114	1 500	120	1. 713 4	0. 014 29	0. 000 267

表 6-9　动车组 2 的牵引和制动特性数据

速度/(km/h)	牵引力/kN	综合制动力/kN	速度/(km/h)	牵引力/kN	综合制动力/kN
0	314. 7	318. 4	70	224. 8	318. 4
10	314. 7	318. 4	80	172. 1	318. 4
20	314. 7	318. 4	90	136	318. 4
30	314. 7	318. 4	100	110. 1	318. 4
40	314. 7	318. 4	110	91	290. 1
50	314. 7	318. 4	120	79	252
60	262. 6	318. 4			

城市轨道交通列车牵引计算系统是基于多质点列车模型，在前人研究成果的基础上，根据牵引计算的数据处理顺序，设计的自动计算系统，2005 年获得四川省建设厅项目三等奖。该系统可以编辑、处理线路参数，处理机车车辆和编组数据，并把这些数据以文件的形式存储。系统提供了基本的自动化牵引计算功能，可以快速实现几百千米、几十个区间的计算。输出的结果包括列车区间运行时分、列车区间运行最高速度、最低速度、工况、能耗、牵引率等参数。输出区间数据的同时，可以输出多种类型的曲线：速度-距离曲线（*V-S*），时间-距离曲线（*T-S*）、工况-距离曲线（*H-S*）、电流-距离曲线（*C-S*）、能耗-距离曲线（*E-S*）等。

扫一扫

图 6-2　坡段数据

扫一扫

图 6-3　曲线数据

扫一扫

图 6-4　车站数据

扫一扫

图 6-5　列车数据

扫一扫

图 6-6　动车组基本参数

4）计算过程

按照上文所述，将线路数据、列车数据导入系统后，选定计算参数，即可实现对线路不同方向（上、下行）进行牵引计算。

（1）线路数据导入：线路数据按照系统要求录入或导入系统，如图 6-2、图 6-3 和图 6-4 所示。

（2）列车参数录入：将列车参数数据录入系统，如图 6-5 所示。

将动车组的基本参数、牵引特性数据和制动特性数据录入系统，如图 6-6、图 6-7 和图 6-8 所示。

（3）计算参数：计算参数主要是牵引计算的步长等参数，如图 6-9 所示。

5）计算结果

系统计算结果如图 6-10 所示。

6）计算结果分析

以动车组、线路、限速三种条件分别计算，可以得到不同动车组运行全程的技术速度和旅行速度计算结果见表 6-10。

表 6-10　旅行速度与技术速度计算结果

列车	线路	限速 /(km/h)	计算长度 /m	技术时间 /s	停站时间 /s	技术速度 /(km/h)	旅行速度 /(km/h)
动车组 1	右线	110	60 745.4	2 688.2	530	81.3	67.95
		120	60 745.4	2 652.5	530	82.4	68.71
	左线	110	60 771.6	2 681.6	525	81.6	68.23
		120	60 771.6	2 606.3	525	83.9	69.87
动车组 2	右线	110	60 745.4	2 717.9	530	80.5	67.33
		120	60 745.4	2 654.8	530	82.4	68.66
	左线	110	60 771.6	2 713.4	525	80.6	67.56
		120	60 771.6	2 638.3	525	82.9	69.16

扫一扫

图 6-7 动车牵引特性数据

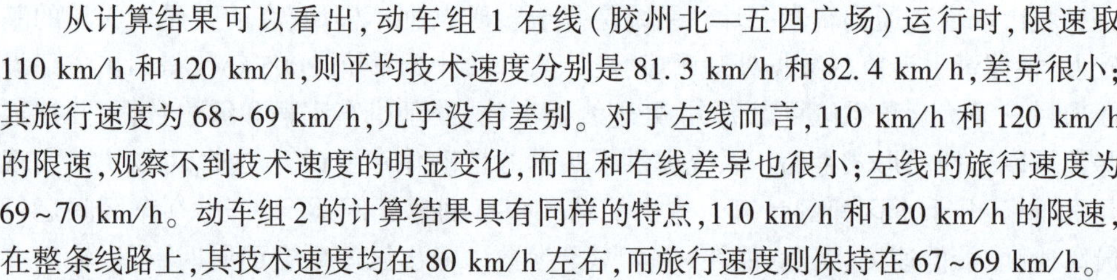

从计算结果可以看出,动车组 1 右线(胶州北—五四广场)运行时,限速取 110 km/h 和 120 km/h,则平均技术速度分别是 81.3 km/h 和 82.4 km/h,差异很小;其旅行速度为 68~69 km/h,几乎没有差别。对于左线而言,110 km/h 和 120 km/h 的限速,观察不到技术速度的明显变化,而且和右线差异也很小;左线的旅行速度为 69~70 km/h。动车组 2 的计算结果具有同样的特点,110 km/h 和 120 km/h 的限速,在整条线路上,其技术速度均在 80 km/h 左右,而旅行速度则保持在 67~69 km/h。

另外,相同条件下,左线(五四广场—胶州北)比右线(胶州北—五四广场)列车的技术速度和旅行速度都要稍微快一点(不到 1 km/h),这可能是线路原因造成的。

扫一扫

图 6-8 动车制动特性数据

6.2 地铁列车牵引计算案例教学指导

6.2.1 教学目标

通过青岛地铁 8 号线列车牵引计算项目,使交通运输工程专业硕士研究生对城市轨道交通列车牵引计算、列车运行仿真、列车运行参数的运用有更加深入、直观、全面的认识,了解列车牵引计算的原理、列车牵引计算的方法,并能够运用列车牵引计算软件实现列车区间运行时分、列车运行速度等参数的计算和分析。

扫一扫

图 6-9 计算参数

对于交通运输工程领域的专业硕士研究生,学习城市轨道交通列车牵引计算、列车运行仿真、列车操纵优化等方法,对于理解和掌握城市轨道交通系统中车辆选型、列车运输组织、列车运行优化、客运组织等工作,具有重要的意义。

所以,本案例以城市轨道交通牵引计算项目为基础,阐述城市轨道交通列车牵引计算的目的、意义、计算思路和方法及计算过程,使交通运输专业硕士研究生能够比较深入地理解这一研究领域,从而培养专业实践能力。

扫一扫

图 6-10 计算结果

6.2.2 分析思路

案例分析思路如下:

(1)分析和提取线路数据。

(2)分析和提取车辆数据。

(3)将线路、车辆等数据保存为必要的文件。

(4)按照计算要求,如上行、下行、限速要求等分别进行计算,并保存计算结果。

(5)分析计算结果。主要分为:*V-S* 曲线、*T-S* 曲线、列车区间运行时分、区间最高运行速度、区间平均运行速度、区间能耗、全程技术速度、全程旅行速度等参数进行分析。

(6)编写学习报告并完成思考题。

6.2.3 课堂设计

1. 课时分配

共 3 个课时(45 min 为 1 个课时):

(1)教师案例讲解:60 min。

(2)学生小组讨论:30 min。

(3)课堂小组代表发言并进一步讨论:30 min。

(4)教师课堂讨论总结:15 min。

2. 讨论方法

(1)学生自行准备。在正式开始案例教学前 1~2 周,将案例材料发放给学生。让学生有充分的时间阅读案例材料、查阅相关材料、搜集必要信息,并积极思考,初步形成关于案例中问题的解决思路。

(2)小组内部讨论。在课堂上将学生划分为 3~6 人的小组,小组以自定的方式进行组织讨论,教师可不进行干涉。

(3)小组集中讨论。每个小组派出自己的代表,发表本小组对案例的分析和意见,发言完毕后接受其他小组成员的提问并做出解释,本小组成员可补充回答问题。

6.2.4　要点汇总

关键点如下:

1. 城市轨道交通列车牵引计算的原理、方法和用途

通过预习城市轨道交通列车牵引计算教材及参考书,掌握城市轨道交通列车牵引计算的原理和方法,掌握列车牵引计算的功能和用途。

2. 城市轨道交通列车牵引计算软件的使用

通过课堂学习,实际操作,掌握城市轨道交通列车牵引计算系统的操作方法,并能够处理系统简单故障。

3. 青岛地铁 8 号线列车牵引计算的操作和分析

根据分组情况,自行处理和录入系统需要的线路、车辆等计算参数,计算出列车运行的*V-S* 曲线、*T-S* 曲线、列车区间运行时分、列车区段技术速度、列车区段旅行速度等参数。

思考题

1. 进行城市轨道交通列车牵引计算分析时,列车共受到哪些外力?
2. 城市轨道交通列车牵引计算时,需要用到哪些数据?
3. 城市轨道交通列车牵引计算的 *V-S* 曲线、*T-S* 曲线分别表达什么含义?
4. 列车技术速度和旅行速度的含义分别是什么?
5. 如何利用城市轨道交通软件计算列车的技术速度和旅行速度?

参考文献

[1]　ALBRECHT A, HOWLETT P, PUDNEY P. Optimal driving strategies for two successive trains on level track with safe separation[J]. IEEE Transactions On Intelligent Transportation Systems, 2022, 23(1): 280-295.

[2]　柴杨, 刘成, 王青元, 等. 一种货运列车节能优化方法研究[J]. 铁道机车车辆, 2021, 41(1): 45-49.

[3] 成丽玲. 基于遗传算法的重载列车驾驶策略的研究[D], 2016, 北京：北京交通大学.

[4] 付印平，高自友，李克平. 路网中的列车节能操纵优化方法研究[J]. 交通运输系统工程与信息，2009，9(4)：90-96.

[5] 贺国强，周继续，李宇轩等. 基于矩阵离散法的地铁列车节能优化操纵方法及实现[J]. 铁道学报，2015，37(7)：9-14.

[6] 金波，孙鹏飞，王青元，等. 基于混合整数规划的高速列车多区间节能优化研究[J]. 铁道学报，2020，42(2)：11-17.

[7] 卢启衡，冯晓云. 多维并行遗传算法在列车追踪运行节能优化中的应用[J]. 重庆大学学报，2013，36(4)：39-44.

[8] 石红国，彭其渊，郭寒英. 城市轨道交通牵引计算算法[J]. 交通运输工程学报，2004，4(3)：30-33.

[9] 石红国，彭其渊，郭寒英. 城市轨道交通牵引计算模型[J]. 交通运输工程学报，2005，5(4)：20-26.

[10] 石红国，彭其渊，郭寒英. MRT 列车运行模拟模型的多目标改进遗传算法[J]. 西南交通大学学报，2006，41(5)：658-662.

[11] 石红国，郭寒英. 列车运行仿真模型的多目标改进遗传算法[J]. 铁道运输与经济，2008，30(4)：79-82.

第 7 章　高速公路交通量“四阶段法”

西察高速公路是国家高速公路网 G315 西海至德令哈高速公路的重要组成部分，本章以西察高速公路段为实际依托，在 OD 调查、交通量调查的基础上，以近年交通量为基础，采用交通量“四阶段法”分析方法，运用 TransCAD 软件实现“四阶段法”分析过程。结合高速公路交通量分析实际，通过查阅现有资料、总结等素材，编写案例，形成案例教学材料，帮助学生提高理论联系实际能力，帮助教师提高科研能力。

7.1　高速公路交通量“四阶段法”案例

7.1.1　案例背景

2019 年 9 月 19 日，中共中央、国务院印发《交通强国建设纲要》。建设交通强国是以习近平同志为核心的党中央立足国情、着眼全局、面向未来作出的重大战略决策，是建设现代化经济体系的先行领域，是全面建成社会主义现代化强国的重要支撑，是新时代做好交通工作的总抓手。

《交通强国建设纲要》明确提出，到 2035 年，基本建成交通强国。现代化综合交通体系基本形成，人民满意度明显提高，支撑国家现代化建设能力显著增强；拥有发达的快速网、完善的干线网、广泛的基础网，城乡区域交通协调发展达到新高度；基本形成“全国 123 出行交通圈”（都市区 1 小时通勤、城市群 2 小时通达、全国主要城市 3 小时覆盖）和“全球 123 快货物流圈”（国内 1 天送达、周边国家 2 天送达、全球主要城市 3 天送达），旅客联程运输便捷顺畅，货物多式联运高效经济；智能、平安、绿色、共享交通发展水平明显提高，城市交通拥堵基本缓解，无障碍出行服务体系基本完善；交通科技创新体系基本建成，交通关键装备先进安全，人才队伍精良，市场环境优良；基本实现交通治理体系和治理能力现代化；交通国际竞争力和影响力显著提升。

到本世纪中叶，全面建成人民满意、保障有力、世界前列的交通强国。基础设施规模质量、技术装备、科技创新能力、智能化与绿色化水平位居世界前列，交通安全水平、治理能力、文明程度、国际竞争力及影响力达到国际先进水平，全面服务和保障社会主义现代化强国建设，人民享有美好交通服务。

2021 年 2 月 24 日，中共中央、国务院印发了《国家综合立体交通网规划纲要》。为加快建设交通强国，构建现代化高质量国家综合立体交通网，支撑现代化经济体系和社会主义现代化强国建设，编制本规划纲要。

《国家综合立体交通网规划纲要》明确提出，到 2035 年，基本建成便捷顺畅、经济高效、绿色集约、智能先进、安全可靠的现代化高质量国家综合立体交通网，实现国际国内互联互通、全国主要城市立体畅达、县级节点有效覆盖，有力支撑“全国 123 出行交通圈”（都市区 1 小时通勤、城市群 2 小时通达、全国主要城市 3 小时覆盖）和“全球 123 快货物流圈”（国内 1 天送达、周边国家 2 天送达、全球主要城市 3 天送达）。交通基础设施质量、智能化与绿色化水平居世界前列。交通运输全面适应人民日益增长的美好生活需要，有力保障国家安全，支撑我国基本实现社会主义现代化。

因此，实现基础设施布局完善、立体互联是交通强国的重要内容。

改革开放特别是党的十八大以来，在以习近平同志为核心的党中央坚强领导下，我国交通运输发展取得了举世瞩目的成就。基础设施网络基本形成，综合交通运输体系不断完善；运输服务能力和水平大幅提升，人民群众获得感明显增强；科技创新成效显著，设施建造、运输装备技术水平大幅提升；交通运输建设现代化加快推进，安全智慧绿色发展水平持续提高；交通运输对外开放持续扩大，走出去步伐不断加快。交通运输发展有效促进国土空间开发保护、城乡区域协调发展、生产力布局优化，为经济社会发展充分发挥基础性、先导性、战略性和服务性作用，为决胜全面建成小康社会提供了有力支撑。

与此同时，我国交通运输发展还存在一些短板，不平衡不充分问题仍然突出。综合交通网络布局仍需完善，结构有待优化，互联互通和网络韧性还需增强；综合交通统筹融合亟待加强，资源集约利用水平有待提高，交通运输与相关产业协同融合尚需深化，全产业链支撑能力仍需提升；综合交通发展质量效率和服务水平不高，现代物流体系有待完善，科技创新能力、安全智慧绿色发展水平还要进一步提高；交通运输重点领域关键环节改革任务仍然艰巨。

因此，加强交通基础设施建设、完善交通网络布局、增强互联互通和网络韧性仍然是当前交通强国面临的重要任务。

当前和今后一个时期，我国发展仍处于重要战略机遇期，但机遇和挑战都有新的发展变化。当前世界正经历百年未有之大变局，新一轮科技革命和产业变革深入发展，国际力量对比深刻调整，和平与发展仍是时代主题，人类命运共同体理念深入人心。同时国际环境日趋复杂，不稳定性不确定性明显增加。我国已转向高质量发展阶段，制度优势显著，经济长期向好，市场空间广阔，发展韧性增强，社会大局稳定，全面建设社会主义现代化国家新征程开启，但发展不平衡不充分问题仍然突出。

国内国际新形势对加快建设交通强国、构建现代化高质量国家综合立体交通网提出了新的更高要求，必须更加突出创新的核心地位，注重交通运输创新驱动和智慧发展；更加突出统筹协调，注重各种运输方式融合发展和城乡区域交通运输协调发展；更加突出绿色发展，注重国土空间开发和生态环境保护；更加突出高水平对外开放，注重对外互联互通和国际供应链开放、安全、稳定；更加突出共享发展，注重建设人民满意交通，满足人民日益增长的美好生活需要。要着力推动交通运输更高质量、更有效率、更加公平、更可持续、更为安全的发展，发挥交通运输在国民经济扩大循环规模、提高循环效率、增强循环动能、降低循环成本、保障循环安全中的重要作用，为全面建设社会主义现代化国家提供有力支撑。

7.1.2 案例内容

1. 项目介绍

本项目起点为海北州西海镇，终点为海西州德令哈市。本项目的实施不仅可以在保证沿途运输车辆行车安全的前提下，完善西部高等级公路主骨架网络，全面提高现有 G315 线（西海至德令哈段)的通行能力,而且对于进一步深入西部大开发战略,促进中东部地区的经济文化交流,密切海西、海北各县市间的经济联系,推进项目影响区内的资源开发和利用都有着至关重要的作用。

项目影响区内的德令哈市、天峻县、刚察县及海晏县近年来均保持着较快的经济发展速度,从区域整体交通需求角度来看,该地区伴随其畜牧业、资源开采业、工业等行业的快速发展,区域交通出行需求呈逐年增加趋势,区域内存在着较为明显的客货运输需求,该地区远景客货运输流量有突破 G315 线现状交通量的趋势,且现有的双车道公路重车率较高,道路行车安全存在较大隐患,车辆事故率有所攀升,经综合论证,有必要对区域交通流的流量、流向进行进一步的调查研究。

扫一扫

表 7-1　调查车型分类及折算系数表

扫一扫

图 7-1　交通量 OD 调查点布置图

2. 交通调查

交通调查是公路项目可行性研究的重要环节,其目的是了解项目所在地区公路交通特性与构成,掌握公路交通流量、流向及车辆构成等数据资料,为现状交通量分析、远景交通量预测、公路服务水平分析以及经济评价等提供依据。通过公路交通调查的数据分析,结合经济社会发展规划的调查,运用一定的预测方法和手段,分析公路建设项目的交通量发展情况,为公路建设项目的立项决策和技术等级标准确定的合理性、科学性和适时性提供依据。

本次 OD 调查按照时间(分、小时)和行驶方向对车辆的起点、终点、车型、核载吨位、实载吨位、货类等内容进行调查。车型划分及折算系数见表 7-1。

根据项目影响区域内交通小区划分和现状公路网布局,本次交通调查共布设交通量 OD 调查点 14 个(见表 7-2 和图 7-1)。

表 7-2　调查点分布及特征表

序号	调查地点名称	所在路线名称	所属乡(镇)	OD 调查时间/h	交通量观测时间/h
1	西海镇	老 G315	海晏县	24	24
2	甘子河北	S204	海晏县	24	24
3	刚察东	G315	刚察县	24	24
4	刚察西	G315	刚察县	24	24
5	泉吉西	G315	刚察县	24	24
6	吉尔孟南	环湖西路	刚察县	24	24
7	天棚东	G315	天峻县	24	24
8	天峻东	G315	天峻县	24	24
9	天峻南	G315	天峻县	24	24
10	天峻西	天木线	天峻县	24	24
11	快尔玛北	天木线	天峻县	24	24
12	生格乡南	老 G315	天峻县	24	24
13	蓄集东	老 G315	德令哈市	24	24
14	德令哈东	老 G315	德令哈市	24	24

表 7-3 交通小区划分表

扫一扫

表 7-4 2020 年汽车出行 OD 表

扫一扫

图 7-3 路线基本情况

扫一扫

表 7-5 路网属性

3. 交通小区划分

调查所得的起终点根据所在小区位置编码,为阐明主要的出行分布,把研究区域划分成 21 个交通小区方便分析及判断(见表 7-3 和图 7-2)。

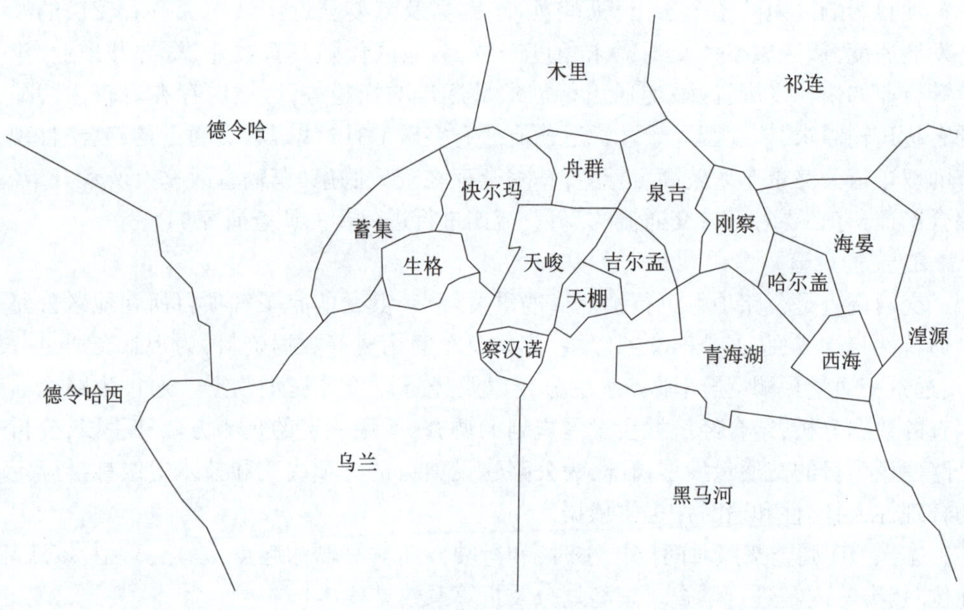

图 7-2 交通小区划分示意图

依据起讫点调查资料,通过分析处理,得出研究区域汽车出行矩阵,见表 7-4。

4. 路网参数

经调查得到相关路段参数及属性,图中蓝色线条为道路路线,圆点为相邻路线连接交叉路口,数字为路线编号,路线基本情况如图 7-3 所示,各路线具体参数见表 7-5。

分析本项目区域内历史数据,通道内车辆数总体呈明显上升趋势,未来年本项目的修建实施,公路客货运输将呈现一种迅速的上升趋势。根据经济及弹性系数预测结果,未来客、货车交通增长率计算公式为

$$\left.\begin{aligned} R_k &= T_k E \\ R_h &= T_h E \end{aligned}\right\} \tag{7-1}$$

式中 R_k,R_h——未来各影响区客、货各车型交通量增长率,%;

T_k,T_h——未来各影响区客、货各车型交通量对 GDP 的弹性系数;

E——未来年各影响区生产总值增长率,%。

根据各影响区生产总值增长率及上述弹性系数预测结果,经计算可得到各影响区客、货车交通增长率。计算结果见表 7-6。

利用各交通小区的趋势交通发生量增长率和基年交通发生量,通过式(7-2)所示的计算公式即可计算出未来各特征年各交通小区趋势交通发生量和吸引量,具体计算结果见表 7-7。

表 7-6　未来年客、货运交通增长率　　单位:%

地区	客运增长率				货运增长率			
	2020—2025	2025—2030	2030—2035	2035—2040	2020—2025	2025—2030	2030—2035	2035—2040
西海	11.12	8.19	7.51	6.30	10.53	7.74	7.06	5.91
海晏	11.12	8.19	7.51	6.30	10.53	7.74	7.06	5.91
湟源	9.98	7.57	6.40	5.48	8.93	7.12	6.00	5.11
祁连	9.98	7.57	6.40	5.48	8.93	7.12	6.00	5.11
哈尔盖	11.12	8.19	7.51	6.30	10.53	7.74	7.06	5.91
刚察	10.54	8.53	7.34	6.08	9.98	8.06	6.91	5.70
泉吉	10.54	8.53	7.34	6.08	9.98	8.06	6.91	5.70
吉尔孟	10.54	8.53	7.34	6.08	9.98	8.06	6.91	5.70
黑马河	9.98	7.57	6.40	5.48	8.93	7.12	6.00	5.11
天棚	10.06	7.11	6.33	5.04	10.06	7.52	6.72	5.40
天峻	10.06	7.11	6.33	5.04	10.06	7.52	6.72	5.40
舟群	10.06	7.11	6.33	5.04	10.06	7.52	6.72	5.40
察汉诺	10.67	8.55	7.07	5.59	10.11	8.08	6.66	5.22
快尔玛	10.06	7.11	6.33	5.04	10.06	7.52	6.72	5.40
木里	10.06	7.11	6.33	5.04	10.06	7.52	6.72	5.40
生格	10.67	8.55	7.07	5.59	10.11	8.08	6.66	5.22
乌兰	10.67	8.55	7.07	5.59	10.11	8.08	6.66	5.22
蓄集	10.04	7.60	6.52	5.66	9.54	8.05	6.93	5.28
德令哈	10.04	7.60	6.52	5.66	9.54	8.05	6.93	5.28
德令哈西	9.98	7.57	6.40	5.48	8.93	7.12	6.00	5.11
青海湖	10.52	8.31	6.81	5.85	9.41	7.82	6.38	5.46

$$\left.\begin{aligned} P_i^n &= P_i^0 \times (1+R_i)^n \\ A_i^n &= A_i^0 \times (1+R_i)^n \end{aligned}\right\} \tag{7-2}$$

式中　P_i^n——第 i 小区第 n 年交通产生量；

R_i——第 i 小区交通增长率；

P_i^0——第 i 小区基年交通产生量；

A_i^n——第 i 小区第 n 年交通吸引量；

A_i^0——第 i 小区基年交通吸引量。

表 7-7 特征年汽车交通量发生与吸引量预测值 单位:pcu/d

地区	汽车发生量					汽车吸引量				
	2020	2025	2030	2035	2039	2020	2025	2030	2035	2039
西海	1 610	2 661	3 869	5 450	6 865	1 584	2 618	3 806	5 361	6 752
海晏	418	695	1 015	1 436	1 815	426	708	1 034	1 463	1 848
湟源	2 324	3 579	5 056	6 777	8 282	2 321	3 574	5 050	6 770	8 273
祁连	497	769	1 088	1 462	1 789	490	758	1 073	1 440	1 763
哈尔盖	259	431	629	890	1 124	255	424	619	876	1 106
刚察	493	797	1 181	1 657	2 076	503	814	1 206	1 692	2 119
泉吉	262	424	628	882	1 104	258	418	619	868	1 088
吉尔孟	168	272	404	569	714	171	278	414	582	731
黑马河	318	490	693	930	1 137	308	475	672	901	1 102
天棚	2 634	4 253	6 110	8 456	10 434	2 652	4 282	6 152	8 514	10 506
天峻	876	1 415	2 027	2 799	3 447	872	1 409	2 019	2 787	3 433
舟群	118	191	273	377	464	115	185	265	365	449
察汉诺	1 341	2 172	3 207	4 430	5 433	1 337	2 166	3 197	4 416	5 416
快尔玛	786	1 270	1 824	2 523	3 112	787	1 270	1 824	2 523	3 112
木里	5 655	9 133	13 120	18 156	22 402	5 648	9 121	13 103	18 133	22 373
生格	204	333	494	686	845	204	333	494	686	845
乌兰	202	329	487	675	829	210	342	507	702	863
蓄集	391	621	909	1 265	1 560	399	632	926	1 288	1 589
德令哈	1 659	2 619	3 853	5 381	6 616	1 670	2 637	3 879	5 417	6 661
德令哈西	736	1 135	1 605	2 153	2 633	745	1 150	1 626	2 180	2 666
青海湖	149	244	362	502	628	146	238	354	491	615

出行生成预测阶段得到了未来年各小区出行产生量与吸引量,反映了目标区域中各小区的总体强度。但是仅有这些数据对于交通决策是远远不够的,需要进一步分析未来年各小区间的出行量,即出行分布预测。本案例采用重力模型法对特征年各交通小区的出行分布进行预测。重力模型具有以下优点:

(1)模型直观,便于交通规划人员的理解和接受。

(2)可较敏感地反映交通供给变化对出行的影响,适用于中长期需求预测。

(3)考虑的因素较为全面,强调了局部与整体间的相互作用,切合实际。

(4)不需要完整的基年 OD 矩阵即可预测。

(5)特定交通小区之间的分布量为 0 时也可预测。

5. 重力模型标定

重力模型认为两小区之间出行分布量的大小与两个交通小区的吸引强度和它们之间的阻力有关。由于重力模型使用阻抗函数,所以在运行重力模型之前要根据现状阻抗矩阵和出行分布矩阵标定阻抗函数的参数,标定结果如图 7-4 所示。

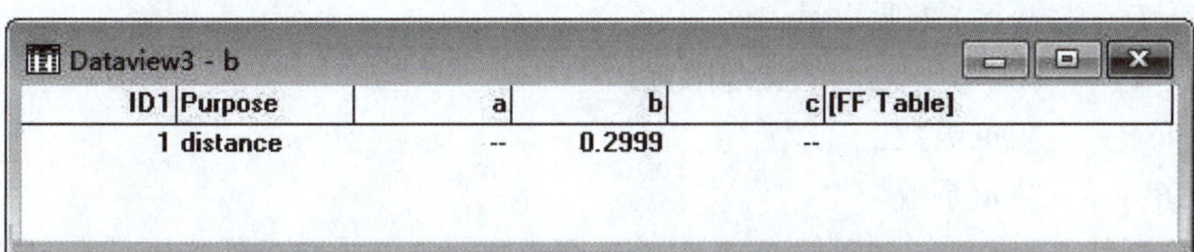

Dataview3 - b

ID1	Purpose	a	b	c	[FF Table]
1	distance	--	0.2999	--	

图 7-4　重力模型标定结果

6. 重力模型预测结果

标定后的重力模型可用于预测未来年各小区之间的出行分布矩阵。运用 TransCAD 4.5 运行重力模型进行分布预测，其结果见表 7-8～表 7-12。

诱增交通量是指因本项目建成通车，带动区域内经济增长和货运流通，通道内通行能力扩大，道路两侧土地利用性质发生改变从而引发的新交通量。导致诱增交通量产生的原因是多方面的，目前主要用于计算公路诱增交通量的计算方法都是基于重力模型的思想。广泛应用的大致有两种计算方法：一种是基于诱增经济模型预测诱增交通量；一种是基于出行条件变化的诱增型交通量预测。下面按照区域间的运行时间、距离这一因素，按照有无比较法原则，采用重力模型方法，分为现状区间交通出行量为零和不为零两种情况分别计算诱增交通量。

7. 计算模型

(1) 现状区间交通出行量不为零，诱增交通量预测计算公式为

$$Q'_{ij}=Q_{ij}\left[\left(\frac{D_{ij}}{D'_{ij}}\right)^{\gamma}-1\right] \tag{7-3}$$

式中　Q'_{ij}——i 区到 j 区的诱增交通量；

D_{ij}——无此项目时，i 区到 j 区的运行时间，见表 7-13；

D'_{ij}——有此项目时，i 区到 j 区的运行时间，见表 7-14；

Q_{ij}——i 区到 j 区的趋势型交通量；

γ——重力模型参数。

(2) 现状区间出行交通量为零时，诱增交通量计算公式为

$$Q'_{ij}=KP_i^{\alpha}A_i^{\beta}\left[\left(\frac{1}{D'_{ij}}\right)^{\gamma}-\left(\frac{1}{D_{ij}}\right)^{\gamma}\right] \tag{7-4}$$

式中　P_i——i 区发生交通量；

A_i——i 区集中交通量；

K,α,β,γ——重力模型参数。

8. 模型参数标定

重力模型的基本形式为

$$Q_{ij}=\frac{KO_i^{\alpha}D_j^{\beta}}{R_{ij}^{\gamma}}=KO_i^{\alpha}D_j^{\beta}f(c_{ij}) \tag{7-5}$$

式中　Q_{ij}——小区 i 到小区 j 的出行交通量；

O_i——小区 i 的出行产生量；

扫一扫

表 7-8　2020 年汽车出行 OD 分布表

扫一扫

表 7-9　2025 年汽车出行 OD 分布表

表 7-10　2030 年汽车出行 OD 分布表

扫一扫

表 7-11　2035 年汽车出行 OD 分布表

扫一扫

表 7-12　2039 年汽车出行 OD 分布表

扫一扫

表 7-13　无本项目时最短路线出行时间矩阵

表 7-14　有此项目时最短路线出行时间矩阵

D_j——小区 j 的吸引量；

R_{ij}——小区 i、j 之间的交通阻抗；

$f(c_{ij})$——阻抗函数；

K,α,β,γ——待定系数。

在现状 OD 表已知的条件下，K、α、β、γ 可以用最小二乘法求得。故对式(7-5)两边取对数得

$$\ln Q_{ij}=\ln K+\alpha\ln O_i+\beta\ln D_j-\gamma\ln R_{ij} \tag{7-6}$$

根据经验，α 和 β 的取值范围在 0.5~1.0，令 $\alpha=\beta=1.0$，则得

$$\ln Q_{ij}=\ln K+\ln O_iD_j-\gamma\ln R_{ij} \tag{7-7}$$

移项整理得

$$\ln Q_{ij}-\ln O_iD_j=\ln K-\gamma\ln R_{ij} \tag{7-8}$$

令 $y=\ln Q_{ij}-\ln O_iD_j$，$a=\ln K$，$x=-\ln R_{ij}$，$b=\gamma$ 得到线形回归方程式如下：

$$y=a+bx \tag{7-9}$$

由最小二乘法原理可知，式(7-9)中的回归系数 a、b 为

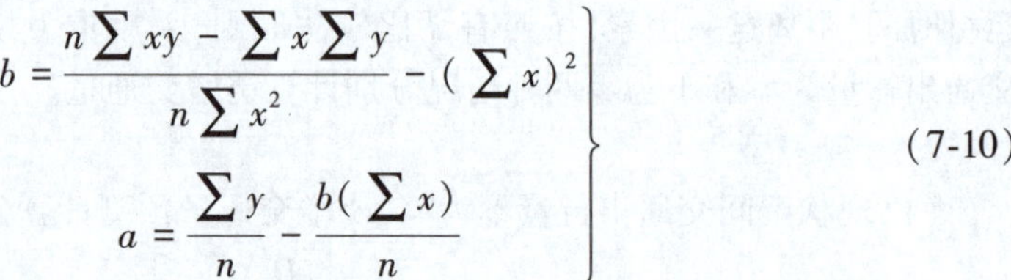

$$\left.\begin{aligned} b&=\frac{n\sum xy-\sum x\sum y}{n\sum x^2-\left(\sum x\right)^2}\\ a&=\frac{\sum y}{n}-\frac{b\left(\sum x\right)}{n}\end{aligned}\right\} \tag{7-10}$$

式中　n——样本数。

从现状 OD 表和现状阻抗矩阵中任取 9 个 OD 点对的数据作为此次标定的样本数据，见表 7-15。在样本数据的基础上进一步计算相关数据，具体计算过程及标定结果见表 7-16。

表 7-15　样本数据

样本点	Q_{ij}	O_i	D_j	R_{ij}	O_iD_j	$\ln Q_{ij}$	$\ln O_iD_j$
$i=1,j=3$	9	741	69	0.77	51 129	2.20	10.84
$i=1,j=4$	25	741	115	0.77	85 215	3.22	11.35
$i=1,j=5$	30	741	142	0.77	105 222	3.40	11.56
$i=13,j=3$	2	721	69	1.294 6	49 749	0.69	10.81
$i=13,j=4$	2	721	115	1.294 6	82 915	0.69	11.33
$i=13,j=5$	2	721	142	1.294 6	102 382	0.69	11.54
$i=10,j=3$	2	47	69	1.294 6	3 243	0.69	8.08
$i=10,j=4$	4	47	115	1.294 6	5 405	1.39	8.60
$i=10,j=5$	5	47	142	1.294 6	6 674	1.61	8.81

表 7-16　计算过程及标定结果

y	x	x^2	xy	$\sum xy$	$\sum x$	$\sum y$	$\sum x^2$	$n\sum xy - \sum x \sum y$	$n\sum x^2 - (\sum x)^2$	$b = \gamma$	$a = \ln K$	K
-8.64	0.26	0.07	-2.28	7.20	-0.76	-78.34	0.61	5.50	4.91	1.120 22	-8.609 7	0.000 18
-8.13	0.26	0.07	-2.15									
-8.16	0.26	0.07	-2.16									
-10.12	-0.26	0.07	2.61									
-10.63	-0.26	0.07	2.75									
-10.84	-0.26	0.07	2.80									
-7.39	-0.26	0.07	1.91									
-7.21	-0.26	0.07	1.86									
-7.20	-0.26	0.07	1.86									

综上所述，重力模型的参数标定结果为：取 $\alpha = \beta = 1.0$，$K = 0.000\ 18$，$\gamma = 1.120\ 22$。

9. 诱增型交通量

经计算，特征年诱增型交通量 OD 分布表见表 7-17～表 7-21。

交通分配是“四阶段”工作中的最后一个阶段，其目的是将交通量合理地分配到每一条具体的道路上。交通分配问题的核心是如何将 OD 量正确、合理地分配到路径上。1952 年 Wardrop 提出了两个著名的出行者路径选择原理，分别是用户平衡原理和系统最优原理。系统最优原理的平衡状态在普通交通网络中是不可能出现的，除非所有道路利用者互相协作使得系统最优。用户平衡原理反映了交通出行者选择路线的行为准则，在实际交通中人们更希望交通流按照用户平衡原理分配。

10. 分配方法

目前，以用户平衡原理为基本思想的交通分配方法很多，国际上通常分为两大类：平衡分配和非平衡分配。由于在实际的交通网络中，并不是所有道路利用者都能准确掌握径路阻抗，而径路阻抗与交通量分布又相互影响，因此出行径路的选择具有一定的随机性。为了描述这种情况，下面采用随机用户平衡（简称 SUE）模型进行交通分配，模型参数使用 TransCAD 提供的默认参数。TransCAD 使用逐次平均法（MSA）计算该模型。MSA 算法的基本思想是对上次循环中的各路段流量和本次循环的附加流量加权平均，得到本次循环的路段流量，并用均方根误差（RSME）判断其收敛性。MSA 算法求解 SUE 模型可大致分为 5 步：①初始化；②更新路阻；③方向搜索；④更新流量；⑤判断敛散性。

扫一扫

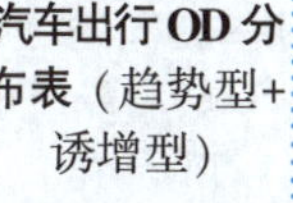

表 7-17　2020 年汽车出行 OD 分布表（趋势型+诱增型）

扫一扫

表 7-18　2025 年汽车出行 OD 分布表（趋势型+诱增型）

扫一扫

表 7-19　2030 年汽车出行 OD 分布表（趋势型+诱增型）

扫一扫

表 7-20　2035 年汽车出行 OD 分布表（趋势型+诱增型）

扫一扫

表 7-21 2039 年汽车出行 OD 分布表（趋势型+诱增型）

11. 路段流量分析

预测项目为新建项目，未来特征年交通分配预测结果见表 7-22。

表 7-22 各特征年路段交通分配预测 单位：pcu/d

年份	区段							
	西海—甘子河	甘子河—哈尔盖	哈尔盖—刚察	刚察—吉尔孟	吉尔孟—天棚	天棚—天峻	天峻—察汉诺	全线平均
2025	3 870	4 269	4 677	5 577	4 789	4 443	5 213	4 691
2030	5 625	5 870	5 979	3 410	3 740	3 572	5 492	4 813
2035	8 018	9 089	9 698	11 308	9 861	9 123	11 490	9 798
2039	9 434	10 749	11 515	14 432	12 259	11 671	14 541	12 086

扫一扫

图 7-5 西海立交流量、流向示意图

12. 交叉口转向流量分析

预测项目起于海北州西海镇终于海西州乌兰县察汉诺，途径哈尔盖乡、刚察县、泉吉乡、天峻县等众多城镇，路线走向与区域交通出行的主流方向相一致，有利于加强沿线各县市与西宁、海东等地的政治、经济联系，同时西海至察汉诺段公路线形指标好、服务水平高，项目建成后将大大缓解现状及未来年 G315（西海至察汉诺段）的交通压力。

运用 TransCAD 制作预测末年（2039 年）通道内所有交叉口处的流量、流向示意图，如图 7-5~图 7-12 所示。

扫一扫

图 7-6 甘子河立交流量、流向示意图

7.2 高速公路交通量“四阶段法”案例教学指导

7.2.1 教学目标

学习掌握交通需求预测的“四阶段法”，对拟建高速公路进行远景交通量预测。通过系统学习，具备应用所学知识对交通需求进行预测，独立从事科学研究的能力。

扫一扫

图 7-7 哈尔盖立交流量、流向示意图

7.2.2 分析思路

公路交通量预测是公路建设项目可行性研究的重要内容，是确定公路建设项目技术等级、工程规模以及经济评价的基础，具有重要意义。公路交通量预测是指在调查研究的基础上，通过建立相应的预测模型（目前比较常用的是“四阶段法”），运用数理的、统计的、运筹的、规划的等相关知识及计算机等现代化手段，分阶段逐步实现规划区域内未来规划年限综合运输量的预测、公路分担运输量的推算、公路网各节点间交通量分布的测算及节点间各线路上交通量分配的测算。

扫一扫

图 7-8 刚察立交流量、流向示意图

通过弹性系数法计算交通增长率，预测交通小区发生量与吸引量，反映交通量与经济的密切联系。运用 TransCAD 进行交通分布预测，用最小二乘法对重力模型进行标定，计算特征年的诱增交通量，继而用 SUE 模型分配交通量，为项目决策提供依据。

7.2.3　课堂设计

1. 课时分配

共 3 个课时(45 min 为 1 个课时)：

(1)教师案例讲解：60 min。

(2)学生小组讨论：30 min。

(3)课堂小组代表发言并进一步讨论：30 min。

(4)教师课堂讨论总结：15 min。

2. 讨论方法

(1)学生自行准备。在正式开始案例教学前 1~2 周，将案例材料发放给学生。让学生有充分的时间阅读案例材料、查阅相关材料、搜集必要信息并积极思考，初步形成关于案例中问题的解决思路。

(2)小组内部讨论。在课堂上将学员划分为 3~6 人的小组，小组以自定的方式进行组织讨论，教师可不进行干涉。

(3)小组集中讨论。每个小组派出自己的代表，发表本小组对案例的分析和意见，发言完毕后接受其他小组成员的提问并做出解释，本小组成员可补充回答问题。

扫一扫

图 7-9　吉尔孟立交流量、流向示意图

扫一扫

图 7-10　天棚立交流量、流向示意图

扫一扫

图 7-11　天峻立交流量、流向示意图

扫一扫

图 7-12　察汉诺立交流量、流向示意图

7.2.4　要点汇总

案例知识点：(1)设交通量 OD 调查点个数；(2)依据起讫点调查资料，通过分析处理，得出研究区域汽车出行矩阵；(3)确定具体方法，对特征年各交通小区的出行分布进行预测；(4)确定交通合理分配。

思考题

1. OD 数据有哪些来源形式？
2. 交通预测过程中交通增长率的确定方法是什么？
3. 交通分布模型的选择及参数标定方法是什么？
4. 诱增交通量的确定方法是什么？
5. 交通分配模型如何选择？

参考文献

[1]　任福田，刘小明，孙立山．交通工程学[M]．3 版．北京：人民交通出版社，2017.

[2]　闫小勇，刘博航．交通规划软件实验教程：TransCAD 4. X[M]．北京：机械工业出版社，2010.

[3]　左志武，刘伟，郭志云，等．TransCAD 在公路诱增交通量预测中的应用研究[J]．公路，2010(6)：168-171.

[4]　周伟，王颖．高速公路诱增交通量分析[J]．长安大学学报：自然科学版，2002，22(1)：49-52.

[5] 杨静，毛保华，丁勇，等. 区域诱增交通量计算方法研究[J]. 交通运输系统工程与信息，2005(5)：45-49.

[6] 张航，张玲. 基于重力模型预测诱增交通量方法研究[J]. 公路交通技术，2006(1)：111-113.

[7] 邱勇. TransCAD 软件在交通量预测中的应用：以青海共和至结古高速公路工程规划为例[J]. 咸阳师范学院学报，2010，25(4)：75-79.

[8] 温胜强. TransCAD 软件在高速公路交通量预测中的应用[J]. 中外公路，2007(5)：20-23.

[9] 贺斌. 基于 TRANSCAD 的公路建设可行性研究需求分析研究[D]. 天津：天津大学，2011.

[10] 晏杉，南爱强. TransCAD 软件在公路建设项目交通量分析与预测中的应用[J]. 中外公路，2011，31(6)：273-276.

[11] 纪魁，曹国华. 基于 OD 反推的交通需求分析方法研究[J]. 交通信息与安全，2014，32(3)：83-86.